Prefacio*

Andrew Graham-Yooll es uno de esos argentinos descendientes de ingleses que potencian su argentinismo sin dejar de sentirse fuertemente influidos por sus ancestros.

Poeta, periodista, investigador histórico, ha realizado aportes significativos para un mejor conocimiento de nuestro pasado a partir de series o personajes relacionados con Gran Bretaña. Actualmente está terminando una importante obra sobre la colectividad de habla inglesa en la Argentina, que es el fruto de varios años de trabajo.**

Graham-Yooll ha aprovechado sus recientes años de residencia en la isla para rescatar puntos de vista e informaciones de origen británico como los que presenta en este

* Publicado en la contratapa de la edición de 1980, Rodolfo Alonso Editor.

** 1) The Forgotten Colony: A History of the English-speaking Communities in Argentina, Hutchinson, Londres, 1981.

2) Small Wars you May Have Missed, Junction, Londres, 1983.

Traducido como: *Pequeñas guerras británicas en América Latina,* Legasa, Buenos Aires, 1985, que Editorial Belgrano reeditará en 1998.

libro. La visión de Rosas, desde la perspectiva de algunos diplomáticos y alguna información periodística insulares, adquiere un nuevo miraje, no único por cierto, pero de todos modos muy interesante.

Esta nueva contribución de Graham-Yooll perfila la controvertida personalidad del dictador porteño como un fenómeno que alternativamente atraía y repelía a los observadores ingleses. El prólogo del autor explica las tendencias de tales informaciones y a él remito al lector. Pero estas brevísimas líneas no deberían terminar sin señalar la utilidad de trabajos como el de Graham-Yooll, que contribuyen, dentro del sector limitado que adoptan, a ir completando el gran fresco de la historia argentina.

Félix Luna

Advertencia del autor
(en la edición de 1980)

Este volumen se compone de una apretada selección de la correspondencia de varios agentes diplomáticos británicos que actuaron en Buenos Aires durante los dos gobiernos de don Juan Manuel de Rosas. La correspondencia, dieciocho cartas y algunos adjuntos, pertenece a los años 1829, 1835, 1840, 1849 y 1852, hallándose guardada en el Archivo General británico. Se amplía el comentario diplomático con el periodístico, mediante extractos del diario *The Times y (en 1997) el diario de un oficial naval.*

¿Cómo se ha llegado a esta selección? Arbitrariamente, puesto que no puede ser otra la forma de elegir entre correspondencia tan voluminosa los componentes de una edición tan breve.

La recopilación de comentarios de los testigos de hechos importantes en la historia argentina tiene aquí por finalidad principal entretener al lector con la particular visión, parcialidad e interpretación de los escritos, y permitir que el paso del tiempo dé su contenido irónico a algunas aseveraciones. Esta selección puede ser útil también a investigadores, para quienes se consignan más adelante algunos datos sobre fuentes. Pero la finalidad principal es mostrar algunos hechos sin solemnidad, mediante la reproducción de documentos originales. Al margen de las pasiones que puede despertar la historia política de personalidades públicas, es bueno conocer el cristal con que se mira al país desde afuera.

El texto se inicia con una misiva, fechada en 1829, del primer enviado diplomático británico ante el gobierno de Buenos Aires, Woodbine Parish, personaje de amplia experiencia política en el servicio exterior de su país. El agente se expresa entusiasmado ante la victoria de Rosas. En la correspondencia precedente, el corresponsal del Foreign Office ya ha usado términos severos en sus referencias al coronel Lavalle por la rebelión contra el gobierno del coronel Dorrego. Parish, para entonces, llevaba cinco años en Buenos Aires. Estaba compenetrado de la política local con lujo de los más íntimos detalles, por ser representante de una de las principales potencias europeas. Su posición hacía que su consejo y opinión fueran buscados con frecuencia por las más altas autoridades civiles y militares de la nueva nación.

El tono de los sucesores de Parish deja de ser entusiasta al llegar Rosas por segunda vez al gobierno. Surgen críticas, dudas acerca de la organización política del régimen y también aparecen pruebas de la capacidad de maniobra de Rosas al buscar evitar un enfrentamiento con una monarquía europea.

Luego viene el año 1840. Fue el año del terror, en el cual llegó a su punto máximo la violencia represiva, arbitraria, desencadenada por el gobierno, bajo variedad de cuestionables argumentos para destruir a sus opositores, tanto activos como pasivos, vehementes e inocentes. Fue también el año en que se concretó el fin del bloqueo de

Buenos Aires por una fuerza naval francesa. Pese al costo económico para el país, las pocas concesiones políticas y comerciales hechas a la flota agresora hicieron del hecho un triunfo diplomático para el gobierno de Rosas.

Los archivos de correspondencia del año 1849 han entregado una nueva visión de la personalidad de Rosas. Esto surge al buscar Gran Bretaña la conclusión de un acuerdo del bloqueo anglofrancés del Río de la Plata. En este caso, se agrega a la personalidad de Rosas la del corresponsal, Henry Southern, diplomático de experiencia a la vez que intelectual de relevante trayectoria literaria.

La correspondencia culmina en 1852 con dos misivas en torno a la caída de Rosas. Si bien el momento es trágico, el recuento que aquí se hace de los hechos no deja de tener su lado gracioso.

Cierran este volumen dos extractos de editoriales del diario *The Times* sobre la caída de Rosas, y, finalmente, la anécdota de una pesquisa poética que aporta otra instancia de la curiosidad que despertó en los ingleses aquel Restaurador de las Leyes.

A esta altura el lector preguntará, y con razón, qué punto de referencia se ha tomado para seleccionar esta correspondencia. Acepte el lector, simplemente, que esta pequeña edición a la vez que busca entretener y ser de utilidad histórica, sólo desea mostrar concisamente algo acerca de cómo vieron a Rosas los ingleses.

Golders Green,
Londres, 1980.

Nota para la edición de 1997

Históricamente, este libro tiene su conclusión natural con la repatriación de los restos de Juan Manuel de Rosas por orden del presidente Carlos Saúl Menem en septiembre de 1989, a poco de iniciar su primera presidencia.

La nota final de este libro, de un corresponsal inglés en Buenos Aires, enfatiza la controversia permanente en que se presenta la figura de Juan Manuel de Rosas. Quizá desee el lector considerar, también, los contrastes y paralelos en la historia argentina: por ejemplo, el parecido que halla el corresponsal entre el Dr. Menem y Rosas, puesto que ambos marcaron su época. Pero hay otra comparación que es importante considerar: los hechos consignados por Mandeville en 1840 tienen momentos parecidos a la represión durante la dictadura 1976-1983. ¿Se repite la historia argentina? El lector quizá se interese en hallar otros paralelos y reiteraciones.

Este libro no es un estudio comparativo, ni un intento de análisis de la historia y sus ciclos. Es, simplemente, un muestrario que esta vez sí, gracias a la Editorial de Belgrano, tiene una culminación, aunque como la historia, ningún fin.

Dorado Club, Delta
Buenos Aires, octubre de 1997

Nota sobre fuentes y Agradecimientos

La correspondencia que aquí se incluye procede de los archivos del Public Record Office, en Kew, Surrey, Inglaterra. La documentación correspondiente a la Argentina se encuentra clasificada de la siguiente manera:

FO 6 República Argentina, Correspondencia General.
FO 118 Argentina, Correspondencia.
FO 119 Argentina, Libros de Cartas.
FO 347 Registros de Correspondencia.
FO 802 Registros de Correspondencia General.

Las piezas en este libro tienen la siguiente subclasificación:

1829 FO 6/27; 1835 FO 6/47; 1840 FO 6/75; 1849 FO 6/145; 1852 FO 6/167.

Los extractos de *The Times* provienen de los archivos del *British Library, Newspaper Division*, Colindale, Londres. Los editoriales sobre la caída de Rosas se reprodujeron parcialmente en *La Opinión Cultural* el 13 de febrero de 1977. Los artículos sobre la Vuelta de Obligado fueron reproducidos en *Todo es Historia*, noviembre de 1978.

Esta edición de 1997 agrega un artículo de la revista *Hampshire* sobre la residencia de Rosas en Southampton y una crónica londinense de la repatriación de los restos de Juan Manuel de Rosas en 1989.

También se incluye un extracto del diario de viaje del oficial de la Armada Real británica, James Ptolemy Thurburn, escrito en 1847.

* * *

Agradezco a la señora Rosa de Amuchástegui la preparación del original de esta nueva edición y sus agregados.

Para Daniel de Anchorena mi profundo agradecimiento por la presente edición, y mi reconocimiento a Graciela Allende y Eduardo San Martín.

A Gladys Santiago, Joanne Mary Graham-Yooll y Jorge Ventoso, mi reconocimiento por su apoyo y aliento.

Nota Preliminar

El reconocimiento diplomático de Buenos Aires por la Corona de Inglaterra

Woodbine Parish, autor de la primera carta de esta pequeña colección, llegó a Buenos Aires en marzo de 1824. Tenía veintiocho años y una experiencia diplomática considerable cuando el gobierno británico decidió nombrar agentes en las ex colonias españolas, accediendo a una creciente presión de diversos grupos manufactureros y comerciales que buscaban la consolidación mediante el reconocimiento político formal de los nuevos mercados para sus productos. Educado en el exclusivo colegio de Eton, Parish tenía también en su haber, una activa participación como ayudante del vizconde Castlereagh, segundo marqués de Londonderry, en la misión de establecer las condiciones para la paz en Europa, luego de la derrota de Napoleón en 1815. Castlereagh, cuya biografía política entre 1812 y 1822 es la historia de Inglaterra, fue el protector de Parish en la carrera diplomática. Al suicidarse el veterano estadista en 1822 sus protegidos y preferidos fueron dispersados. Parish viajó a Buenos Aires. Su misión fue presentada como premio al mérito profesional y llevaba la expresa recomendación de Jorge Canning (secretario de Estado de Relaciones Exteriores y presidente de la Cámara de los Comunes y, entre 1822 y su muerte en 1827, una de las personalidades de mayor prestigio y poder político de Inglaterra y Europa) de reunir la máxima cantidad de información posible acerca de las nuevas repúblicas de Sud América. Parish cumplió con esmero, informando a Canning sobre todo lo que sucedía. La carta que aquí se incluye está dirigida a lord Aberdeen, un noble escocés nacido en Edimburgo en 1784, que accedió a la titularidad del Foreign Office en 1828, en el gobierno de Wellington, cargo al que regresó en 1841. Aberdeen era simpatizante de las ideas del príncipe Metternich, un político reaccionario y opresor de toda aspiración constitucional.

La acción política que precedió en unos meses al establecimiento de las relaciones diplomáticas entre las Provincias Unidas del Río de la Plata y Gran Bretaña fue seguida activamente por el diario *The Times* de Londres. Este interés se remontaba a la época del comienzo de la expansión napoleónica en Europa, cuando el comercio británico miró hacia las colonias españolas como mercado imprescindible para escapar al aislamiento que le imponía la clausura de los puertos europeos a sus mercaderías. *The Times* reflejaba en sus columnas las ansiedades y esperanzas del comercio británico. La derrota de Napoleón no eliminó la preocupación; quedó fija en la sociedad británica la idea de la necesidad de asegurar los nuevos mercados para las manufacturas de los principales centros industriales ingleses. Puede especularse que es así, por el miedo al aislamiento y luego de la pérdida de las colonias que constituyeron los Estados Unidos de Norte América, que nació la idea y la decisión de la expansión imperial en el siglo XIX.

Aun cuando las exportaciones británicas al Río de la Plata aumentaron constantemente a partir de 1810, la corona inglesa se negó a reconocer la independencia de las nuevas repúblicas y por lo tanto no aseguraba los fletes a esos países. La negativa del reconocimiento era una deferencia a la corona española, que no aceptaba que habían llegado a su término casi tres siglos de dominio colonial en América. Pero la necesidad de los nuevos mercados, el aumento en el volumen de los fletes, las declaraciones de independencia de nuevos países y el debilitamiento de la autoridad española decidieron a los comerciantes británicos a presionar al gobierno para que reconozca a las ex colonias y asegure así el comercio, que de hecho había apoyado en todo, menos en las formalidades.

El sábado 31 de enero de 1824, un editorial de *The Times* comentaba: "...ya van catorce años desde el inicio de la guerra entre España y sus colonias. Mientras duró el conflicto nosotros, si bien fuimos solicitados por ambos bandos, nos abstuvimos religiosamente de apoyar a ninguno. Siendo la disposición del *pueblo* de este país favorable a los sudamericanos, nuestro gobierno, para detener esa disposición, para invalidarla y dejarla inútil, promulgó la Ley de Reclutamiento Exterior, mediante la cual se prohibió ingresar en el servicio de las provincias revoltosas hasta a las personas individuales: no puede concebirse la neutralidad más severamente rígida que la observada por Inglaterra durante el conflicto entre españoles europeos y americanos. Sin embargo, hace tiempo que ese asunto quedó decidido; los sudamericanos se impusieron por su fuerza nativa; casi se ha logrado la paz entre ambos bandos; la independencia de los Estados sudamericanos ha sido reconocida por potencias extranjeras, entre las cuales, debe observarse, no hemos sido los primeros. Estamos, entonces, en libertad para formar alianzas, ofensivas o defensivas, con esos nuevos Estados..."

Estados Unidos de Norte América ya había decidido reconocer a las nuevas repúblicas. El primer enviado plenipotenciario de EE.UU. en Buenos Aires había sido nombrado en agosto de 1823.

El sábado 21 de febrero de 1824, *The Times* informaba del decreto de Fernando VII que autorizaba a los aliados de España a comerciar con Sud América y "ordena la abolición del régimen llamado 'constitucional'". El diario publicaba casi todos los días informaciones acerca del establecimiento de la independencia de Brasil, reproduciendo su constitución el lunes 23 de febrero, así como la constitución mexicana el lunes primero de marzo.

El sábado 6 de marzo, *The Times* volvía al tema del reconocimiento de las repúblicas por Gran Bretaña. "Han demostrado, fuera de toda duda, que su reconquista por el Estado paterno es imposible... estamos dispuestos a otorgarle a la vieja España la gracia y ventaja de ser la primera en reconocer la soberanía independiente; pero sin duda, nuestro reconocimiento no puede ser demorado mucho más..."

El martes 16 de marzo de 1824, la crónica parlamentaria de *The Times* registraba el voto en contra del reconocimiento (propuesto por el marqués de Lansdown) de las nuevas repúblicas, para no ofender a España. La edición del miércoles lamentaba el voto negativo: "En la práctica reconocemos la independencia de los nuevos Estados; comerciamos con ellos, nombramos cónsules en sus puertos y, mientras admitimos la imposibilidad de la Madre Patria de recuperar el territorio, declaramos que no toleraremos la interferencia de una tercera potencia. Los Estados de Sud América, entendemos, no pueden desear más de nosotros; y si ellos están satisfechos, también lo estarán los amigos de la libertad en Inglaterra".

Mientras se publicaban estos comentarios, Parish, junto con su esposa, Amelia Jane, el vicecónsul Charles Griffiths, y los cónsules para Chile y Perú, arribaban en el barco de guerra *H.M.S. Cambridge* a Montevideo. El día 22 desembarcaron en esa ciudad y transbordaron al *Pepa*, con el que llegaron a Buenos Aires el 31 de marzo.

Por un lado *The Times* reclamaba el reconocimiento formal; por el otro, el gobierno lo negaba. Pero al mismo tiempo, el gobierno tomaba todos los pasos necesarios para llegar a la formalización de las relaciones, sin ofender abiertamente al gobierno español.

Hubo luego un silencio respecto a las noticias de Buenos Aires. El diario del miércoles 7 de abril de 1824, daba cuenta parcial de una información remitida al almirantazgo por el capitán G. W. Willes, del barco *Brazen*, reproducida bajo el título "Navegación en el Río de la Plata". "Me siento obligado a decir que sin un gran número de boyas, el pasaje no puede describirse como seguro."

El lunes 17 de mayo, el diario volvía a la carga: "La cuestión del reconocimiento como independientes a las ex posesiones españolas, por lo menos aquellas que ya no están divididas por el conflicto civil, asume una forma que se impone cada vez más en la atención de los ministros... En cuanto respecta a los intereses comerciales británicos, un curso decidido se hace el deber inmediato de este gobierno".

El martes 18, el diario informaba que "Ayer corría la información de que Mr. Elliott, quien ha llegado a París de

Madrid, ha traído una negativa rotunda del gobierno español de aceptar, de forma alguna, la cuestión del reconocimiento de la independencia de Sud América...".

"Esto tuvo el efecto de deprimir a casi todas las cotizaciones sudamericanas ayer, como si los tenedores pudieron haber alguna vez cometido el absurdo de suponer que tal concesión era posible del actual gobierno de España, o de cualquier gobierno bajo el que pudiera caer el país...

"El secretario exterior (Canning) informó a la Cámara de los Comunes hace algunas semanas que había hecho ciertas graciosas y corteses ofertas a España; como que debía tener la primera opción de reconocer la independencia americana... pero si España rechaza estas propuestas liberales, y en opinión de muchos excesivas, entonces deberemos decidir nuestra política... La hora ha llegado."

El jueves 27 de mayo, *The Times* daba cuenta de la resistencia española a dar por perdidas sus colonias. "Los españoles, para postergar lo que esperamos será el reconocimiento inminente de la independencia de los Estados sudamericanos por este gobierno, hacen circular periódicamente informaciones descabelladas acerca del armamento que están por enviar para subyugar..."

A partir del lunes 7 de junio, la campaña del diario adquirió un tono más urgente. En la misma edición en la que anunciaba la llegada a Liverpool, a bordo del *Lindsays*, del general Alvear "para concluir un préstamo para Buenos Ayres", consignaba la crónica de una reunión en Liverpool el sábado 5 de junio, de comerciantes y personalidades que reclamaban el reconocimiento británico de la independencia sudamericana. La reunión, en la intendencia de la ciudad, "tuvo una asistencia numerosa y respetable". La crónica, que daba cuenta de los discursos, ocupaba más de dos columnas. Un editorial, al día siguiente, describía a la reunión como "un hecho de gran importancia", y comentaba "no es fácil conjeturar acerca de qué influye en la decisión del gobierno del Rey y qué motiva la demora de este gran acto de justicia".

El sábado 19 de junio, el diario informó acerca de una reunión en Manchester, similar a la de Liverpool, y el lunes comentaba: "Suponemos que es solamente un detalle formal lo que demora por un momento más el reconocimiento por parte del gobierno del Rey", y aseguraba que el detalle era un informe sobre "el estado actual de los asuntos de varias provincias sudamericanas" que aguardaba el ministro Canning. El 22 de junio, una información proveniente del agente de la aseguradora Lloyds en Montevideo, fechada el 4 de abril, anunciaba la partida del barco *Cambridge* "el 30 del último, en ruta al Pacífico, habiendo dejado a Mr. Hood, cónsul de ese lugar; Mr. Parish, cónsul general en Buenos Ayres; y Mr. Rowcroft, cónsul general en Perú. Este último señor viajó a Buenos Ayres y cruzará los Andes a Chile."

El jueves primero de julio *The Times* informaba de otra reunión de comerciantes en Leeds, otra de las grandes ciudades manufactureras del norte; pero unos días después el diario lamentaba la reconquista del puerto de Callao, el 26 de febrero, por los realistas. El martes 6 de julio, se publicaba la correspondencia, fechada el 26 de abril, de Buenos Aires, que anunciaba la elección del gobernador Gregorio de Las Heras. "El Banco de Buenos Ayres sigue prosperando... pagó el 20 por ciento sobre capital depositado en el primer año... En la actualidad hay cuatro directores ingleses y cinco españoles y criollos... los británicos son tenedores de aproximadamente una mitad de las acciones del Banco."

En otra página de esa misma edición, se reproducía de *El Argos* del 17 de abril, el tan aguardado anuncio de la presentación de las credenciales de Parish. El recorte recordaba que el 5 de abril Parish y Griffiths habían sido recibidos por primera vez por Rivadavia y en esa ocasión habían presentado una carta de Canning:

"Señor: El Rey mi señor, habiendo determinado que se tomen medidas efectivas para la protección del comercio de los súbditos de Su Majestad en Buenos Ayres, y para obtener la información más exacta acerca del estado de cosas en ese país con el propósito de adoptar las medidas que eventualmente fueran necesarias para el establecimiento de relaciones amistosas con el gobierno de Buenos Ayres, tiene el placer de nombrar e instalar al Sr. Woodbine Parish en la función de cónsul general de Su Majestad en ese Estado".

"El Sr. Parish entregará esta carta a Su Excelencia y solicitará que tenga usted el placer de facilitarle lo necesario para cumplir con sus funciones.

"Tengo el honor de ser, señor,
"el más obediente y humilde servidor de Su Excelencia,
"George Canning."

The Times estaba eufórico. Si bien la presentación de las credenciales no representaba el establecimiento formal de relaciones, esto ya se vislumbraba. Al día siguiente comentaba, "en la presentación de los señores Parish y Griffiths en Buenos Ayres, la credencial de Mr. Canning estaba dirigida a 'Su Excelencia' Rivadavia, secretario del 'Gobierno' de Buenos Ayres. ¿Del gobierno español? No; del gobierno republicano, con exclusión del español".

Esas dos ediciones del 6 y 7 de julio trajeron una riqueza de noticias rioplatenses. Aparte de la prosperidad del banco y la presentación de las credenciales, el día 6 se daba cuenta también del arribo a Buenos Aires, según información de *El Argos*, del primer Paquete a vapor inglés en el Río de la Plata, el *Countess of Chichester*, que había zarpado de Falmouth el 8 de febrero. *El Argos* también había dado cuenta de un acuerdo del 2 de abril, que otorgaba a los súbditos británicos concesiones especiales para el envío de correspondencia. El miércoles 7, el diario reproducía por primera vez la cotización de "Fondos Extranjeros" sobre Buenos Aires. El corredor de bolsa autorizado era Joseph Cohen, instalado en el número dos de St. Swithin's Lane, Lombard Street, en el corazón de la "*City*" de Londres. Los bonos chilenos, colombianos y mexicanos se habían cotizado desde principios de año; y los peruanos desde marzo.

Esta crónica obliga al interrogante de por qué Canning negaba todo avance en el establecimiento de relaciones cuando en realidad había enviado cónsules, debidamente acreditados, para iniciar los trámites de relación formal. Debe suponerse que esto fue un gesto diplomático hacia España mientras se permitía que la presión comercial que reclamaba el reconocimiento aumentaba, también para demostrar a España cierto predicamento del gobierno inglés.

The Times del jueves 29 de julio de 1824 reproducía parcialmente el mensaje del ejecutivo bonaerense, fechado el 3 de mayo, a la Asamblea Legislativa, donde se celebraba la llegada de Parish. El sábado 21 de agosto anunciaba el establecimiento de servicios de Paquete regulares entre

Inglaterra, México y Colombia. Como el servicio a Buenos Aires ya existía, con conexiones para Chile y Perú, "toda Sud América y México están abiertas ahora al comercio, por medio del Correo Inglés". El 27 de agosto el diario reproducía de *El Argos* del 29 de mayo la crónica de un banquete celebratorio del 25 de mayo de 1810, donde abundaron los brindis por los lazos diplomáticos entre Buenos Ayres y los países representados. Parish, luego de pedir disculpas por su pésimo castellano, brindó "por la paz y la prosperidad de Buenos Ayres".

En la edición del martes 7 de septiembre *The Times* anunciaba la llegada a Inglaterra de Bernardino Rivadavia, "cuya sabia administración en los últimos cuatro años ha permitido tan rápidos adelantos en la prosperidad. En realidad era jefe de gobierno, si bien solamente usaba el título de Principal Secretario de Estado. Se informa que el Sr. Rivadavia ha cerrado su carrera política con su renuncia de aquella función y que tiene intención de retirarse a la vida privada. Pero es obvio que su residencia aquí o en cualquier parte de Europa será de gran utilidad para el bien de Buenos Ayres y la gran causa de la independencia sudamericana por su conocimiento y la confianza en su persona".

En las semanas siguientes, se publicó una extensa crónica acerca del estado del armamento y gobierno de Buenos Aires (14 de septiembre) y luego la mirada del diario se dirigió a otros lugares del continente. En diciembre, una correspondencia en las columnas del diario ventiló el litigio entre la empresa Hullet Brothers, representante del gobierno de Buenos Aires, y John Parish Robertson, residente en Buenos Aires, accionista del banco de esa ciudad, acerca de la propiedad de un contrato de explotación de las minas de Famatina en La Rioja. La correspondencia, que también se reprodujo en parte en el rival de *The Times*, el *Morning Chronicle*, cerró el 6 de enero de 1825, cuando Parish Robertson sentenció que estaba seguro que sus amigos en Buenos Aires ganarían la concesión.

El miércoles 19 de enero de 1825, *The Times* informó que había recibido noticias de Buenos Aires el 8 de noviembre. Se informaba que Parish había solicitado al gobierno el adelanto de la fecha de la reunión del congreso, fijada para el primero de enero, puesto que "diariamente aguardaba el reconocimiento de la independencia por el gobierno inglés... y era su sincero deseo poder presentar tal información ante el cuerpo lo antes posible".

A pocos días de enviar este pedido al gobierno, Parish había anunciado ante la colectividad británica de Buenos Aires y a personalidades y comerciantes locales que había recibido autorización definitiva para negociar los términos de un tratado de amistad entre Buenos Aires y Gran Bretaña. El anuncio fue hecho el 30 de noviembre, el día de San Andrés según el calendario escocés, en un banquete. La noticia fue recibida ruidosamente. Los comensales se pusieron de pie, dejaron de lado sus copas para beber un brindis directamente de las botellas; saltaron, gritaron, bailaron, "pero no estaban ebrios" Parish luego escribió a Londres.

El 14 de febrero *The Times* dio cuenta que, efectivamente, se había adelantado la fecha de la reunión del congreso. Los representantes de las provincias "se han reunido en Buenos Ayres, han elegido presidente, que fue solemnemente instalado; un paso que se supone preparatorio para la formación de un tratado de comercio entre las provincias federadas y Gran Bretaña... No estamos del todo seguros que la constitución del congreso o su primera sesión sean indicativos de su permanencia y popularidad. Muchas provincias han enviado diputados, pero algunas no lo han hecho..."

Finalmente, el viernes 6 de mayo de 1825, *The Times* reproducía la noticia de *El Argos* del 23 de febrero que el tratado de amistad por el cual Gran Bretaña reconocía la existencia independiente de las Provincias Unidas del Río de la Plata se había ratificado el 19 de febrero. *El Argos* publicó el texto íntegro el 26 de febrero.

Habiéndose logrado esto, las noticias del Río de la Plata fueron omitidas, incluso las referidas a la presidencia de Rivadavia, por *The Times* durante casi un año; hasta que el miércoles primero de marzo de 1826, reprodujo noticias de Buenos Aires al 16 de diciembre y de Montevideo al 23 de diciembre. "Una fuerte escuadra zarpó el 22 para bloquear a Buenos Ayres, actuando en base a instrucciones recibidas de Río de Janeiro... La declaración de guerra por el Gobierno Imperial había llegado a Monte Video, pero no se emitió declaración formal por parte de Buenos Ayres, si bien hubo disturbios en una de las provincias del interior a raíz de la demora del gobierno en hacer tal declaración..."

La declaración de guerra, anunciada por el emperador de Brasil, el 20 de diciembre de 1825, y publicada en *The Times* el 29 de marzo de 1826, irritó sumamente al diario británico y a toda la comunidad comercial, que vio peligrar sus ganancias. Parish se vio constantemente convocado a mediar en disputas entre los agentes comerciales de Buenos Aires y el comandante de la flota brasileña, que reiteradamente intentaba detener el paso de barcos de diversas nacionalidades. El bloqueo era ineficiente y si bien el gobierno británico aceptó la convención legal de respetarla, los comerciantes decidieron que era tan deficiente que no había razón para acatar las órdenes brasileñas de no tratar de cruzar su línea.

The Times del sábado 20 de diciembre de 1828, dio a conocer el tratado preliminar entre las Provincias Unidas y el Imperio del Brasil, firmado en Río de Janeiro el 27 de agosto, "por la mediación del gobierno de Su Majestad Británica," en la persona de lord Ponsonby. "No podemos dejar de observar que, si bien las dos partes renuncian todo derecho a la posesión del territorio disputado de Monte Video, ambas retienen tanto poder de interferencia en sus asuntos, que a la larga pueden volver a entrar en conflicto..."

Para la fecha de esa publicación, ya el general Lavalle se había alzado contra el gobierno del coronel Dorrego, quien fue derrocado y ejecutado, precipitando así una guerra civil.

La correspondencia de Parish que trata de Lavalle refleja una vehemencia poco diplomática en su condena de la destitución de Dorrego. Hacia fines de 1829, toda la simpatía del cónsul se dirigió hacia el vencedor del conflicto.

Si bien el haber sido destinado al Río de la Plata alejó a Parish del bullicio político de Europa, en Buenos Aires pudo desarrollar al máximo su interés por las ciencias naturales. Miembro de la Real Sociedad desde 1824, rápidamente estableció contacto con científicos criollos, así como con varios médicos británicos que residían en diversos puntos del país. El resultado de este interés y estos contactos fue un tomo que ya es un clásico en la literatura porteña: *Buenos Aires y las Provincias del Río de la Plata* (1839). En ese libro no sólo describió la historia y geografía de las provincias, además proveyó detalles de la geología y de los restos fósiles del megaterio y del gliptodonte, entre otros.

Por su gestión en Buenos Aires, Parish fue felicitado y condecorado, al regresar a Londres en 1832. No es de sorprenderse: el Tratado de Amistad rigió las relaciones entre los dos países durante casi un siglo; obtuvo generosas indemnizaciones por la pérdida de barcos y fletes británicos durante la guerra con Brasil; logró la exención del servicio militar de los súbditos británicos; obtuvo permiso para que establecieran su iglesia y practicaran su credo; y, según el Diccionario Nacional de Biografía británico, "hizo notar al gobierno de Su Majestad la importancia de las Islas Malvinas y como consecuencia recibió instrucción de reclamarlas como posesión británica".

Parish falleció en agosto de 1882, a los ochenta y seis años, en Inglaterra. El contacto familiar con la Argentina no acabó con su partida: uno de sus hijos, Frank Parish, nacido en Buenos Aires, fue nombrado vicecónsul en abril de 1853 y ascendido a cónsul en 1860, siendo también miembro del directorio del Ferrocarril Central Argentino.

Rosas llega al gobierno
[1829]

Buenos Ayres, 12 de diciembre de 1829

Al honorable
Lord Aberdeen

Milord,

Por el último Paquete tuve el honor de hacer conocer a Su Señoría acerca de la cuestión pendiente en cuanto a la convocatoria de la antigua Asamblea Representativa, o Junta, disuelta violentamente el año pasado por el general Lavalle. La decisión del punto fue referida luego al general Rosas, quien habiendo firmado las convenciones de junio y agosto fue considerado como el mejor intérprete del interrogante público acerca de su real intención y significado.

Luego de varios días de deliberación el general Rosas notificó al gobierno que debía convocar a la antigua junta acompañando a su consejo, que apareció en los periódicos, su propia y fuerte opinión en el sentido de que era necesario que los negocios de esa asamblea fueran limitados bajo las circunstancias existentes, en lo posible, únicamente a tales temas que fuera absolutamente necesario tratar, tal como el nombramiento de un gobierno permanente con alguna aprobación, quizás, de las medidas tomadas por las autoridades provisorias desde su instalación en agosto último, y los procedimientos usuales para la preparación de la elección de una nueva junta para el año siguiente, que dentro del curso normal debe ser convocado a reunirse en el mes de mayo próximo.

Ante un acuerdo a este efecto la Asamblea fue convocada, y se reunió el primero del actual, aniversario de la rebelión del general Lavalle.

Un gran concurso popular presenció y tomó vivo interés en el acto, que ha completado el restablecimiento de sus legítimas instituciones. Fue leído un mensaje, copia del cual adjunto, del gobierno en el cual se hacía sucinta relación de los últimos hechos, y del esfuerzo desde el mes de agosto por restablecer la paz y el crédito públicos. En conclusión renunció el Poder Supremo, que en las circunstancias se le había confiado provisionalmente, en manos de los representantes del pueblo.

El presidente de la Asamblea dio cuenta de sus propios negocios desde la última reunión; y se clausuró la sesión, luego que el mensaje del gobierno fuera referido a una comisión como es de práctica en estos casos.

El día 5 próximo pasado la Junta se reunió nuevamente y escuchó un informe de la comisión que recomendó la aprobación del proyecto de Resolución para proceder de inmediato al nombramiento del gobernador y capitán general de la provincia de acuerdo a la ley, y de investirlo en las circunstancias y estado del país con poderes tan extraordinarios como se considere necesarios para el mantenimiento de la paz pública hasta la reunión de la próxima legislatura, ante la cual será responsable en el uso de ellos. Adjunto copia de la Resolución, que fue aprobada sin alteración luego de su discusión.

En consecuencia de ello, el día 8 del actual se procedió a la elección de un gobernador (por un período de tres años, el ejercicio prescripto por la ley) y el general Rosas fue electo por unanimidad, y de inmediato prestó juramento, en medio de la aclamación del populacho, que vociferaba su expresión de júbilo. "¡Viva el libertador de la Patria!" "¡Viva el general Rosas!" "¡Viva el nuevo gobernador!" resonaba desde todas partes cuando regresaba de la Asamblea al fuerte.

De inmediato recibió las felicitaciones de las reparticiones, y en la tarde tuve el honor de sostener una entrevista con él, junto a los otros agentes extranjeros para expresar los saludos de práctica.

En el periódico adjunto, Su Señoría hallará un relato de los acontecimientos del día.

El nombramiento del general Rosas era, naturalmente, de esperar, y efectivamente, luego de sus esfuerzos extraordinarios y triunfantes por el restablecimiento de las instituciones legítimas de su país, bien tiene merecida tal demostración de respeto y confianza públicas. Los únicos obstáculos eran su propia modestia y su reticencia a ser instalado en una situación tan ostensible y responsable, a la vez que existían temores por parte de sus amigos que el nombramiento podía debilitar su poder en el país, que sería una calamidad pública.

Pero por otra parte, luego de lo que ha sucedido, el depósito de la autoridad suprema en sus manos es la mejor garantía para el mantenimiento de la tranquilidad pública que gracias a su esfuerzo quedó felizmente restablecida.

Además, su política moderada, cuando se conozca

públicamente, confío que inspirará confianza, aun entre aquellos que hasta ahora han sido sus enemigos y opositores. Debería de hacerlo, ya que a esto, y a su influencia personal en el Partido Federal, deben atribuirse exclusivamente, pienso, la seguridad actual de todos los implicados en la revolución de diciembre último.

Me alegra poder informar que el general Guido y el señor García han sido nombrados nuevamente en sus respectivos departamentos. El general Balcarce regresa al Departamento de Guerra, que ocupó bajo el mando del general (sic) Dorrego, y así completa el ministerio.

Hubo gran dificultad en convencer a los señores Guido y García de que permanecieran en sus funciones. Ambos deseaban ansiosamente que se les permitiera retirarse, pero como han logrado tan gran medida de confianza pública por su gestión en el gobierno provisional desde la Paz, hubiera sido muy de lamentar que se les permitiera seguir tal curso. Su separación del gobierno legal, en el restablecimiento del cual han tenido tan gran participación, hubiera tenido en este momento efectos adversos poco fáciles de remediar. Sin embargo, con su colaboración el nuevo acuerdo es, en cuanto puedo formar opinión, tan amplio como nunca he visto en el país.

Tengo la satisfacción de haber tenido larga y estrecha relación con las personas que integran el nuevo gobierno, y pienso que puedo decir con seguridad que son todos hombres honestos y bien dispuestos, que ya en oportunidades anteriores han prestado servicios esenciales al país.

Tienen por delante una tarea por cierto ardua y difícil para restablecer al país a su antigua prosperidad y a su estado general de tranquilidad, pero tienen ahora el poder y la habilidad para lograrlo y confío que seguramente contarán con la buena voluntad y respaldo de una gran mayoría de aquellos que tienen verdadero interés puesto en la comunidad.

Tengo el honor de ser, sinceramente y con gran respeto,
Milord su
más obediente
y humilde servidor

Woodbine Parish

Segundo gobierno de Rosas
[1835]

Woodbine Parish abandonó Buenos Aires en compañía de su vicecónsul, Henry Stephen Fox (que había llegado al Río de la Plata en 1830), en 1832. Le tocó a Charles Griffiths y a Hamilton Hamilton acompañar las breves gestiones de los gobiernos del general Balcarce, general Viamonte y Manuel Maza antes de ver el retorno a la primera magistratura de la provincia del general Rosas.

Las condiciones de los cónsules ya no eran tan favorables como las disfrutadas por Parish. En primer lugar, el interés de Londres en el Río de la Plata decayó luego de haber logrado la creación de Uruguay como Estado tapón y al normalizarse el comercio en la zona. En segundo lugar, las condiciones de su empleo ya no eran las de un destino de primera categoría. Parish, diplomático de carrera, hombre de clase alta y probada experiencia, recibió un emolumento anual de 2.500 libras esterlinas además de gastos personales. Sus sucesores recibían un sueldo anual de 800 libras esterlinas más gastos de representación. Su correspondencia al Foreign Office está poblada de cartas solicitando una concesión más generosa, a las que el gobierno británico terminó respondiendo con un ascenso y confirmación en sus cargos, pero sin agregar una sola libra esterlina.

Para compensar por esas deficiencias, no les faltó motivo de preocupación en el ambiente cada vez más turbulento que se registró en el período en que Rosas estuvo fuera del gobierno.

A principios de 1833, a raíz de las recomendaciones de Parish y de Fox, Gran Bretaña ocupó las Islas Malvinas. Pero si bien esto dio lugar a protestas en Buenos Aires, la política local desplazaba a todo asunto que no tuviera lazo directo con la lucha por el poder.

Rosas se alejó de Buenos Aires para dirigir una campaña contra los indios. Allí lo halló el naturalista Carlos Darwin, hacia fines de agosto de 1833, al cruzar el Río Colorado. El principal problema personal del científico inglés en ese momento era cómo transmitirle a su padre en Inglaterra que había decidido no ingresar a la iglesia anglicana para ser ministro, sino buscar una carrera científica. Darwin entrevistó a Rosas, a quien halló un personaje atemorizador, "en su máxima peligrosidad cuando ríe", aunque hombre de una gran belleza y coraje. A lo que aquí se podría agregar la opinión, muy posterior, de otro naturalista, Guillermo Enrique Hudson, acerca de Rosas, "tenía facciones recortadas y angulares, cabello color castaño rojizo y patillas, y ojos azules; algunas veces lo llamaban el «inglés»... Fue uno de los más sanguinarios a la vez que el más original entre los caudillos y dictadores...".

Darwin siguió viaje a Buenos Aires donde permaneció durante septiembre y octubre de 1833, período que coincidió con la Revolución de los Restauradores. Una visita accidental a un campamento de Rosas durante su estadía en Buenos Aires le confirmó su impresión de la tropa del caudillo. Eran hombres de gran coraje, obedientes al extremo de cualquier sacrificio. Le fascinaban los gauchos, "más duros que botas viejas"; tenían muy buenos modales y parecían, dijo Darwin, "dispuestos a degollar a cualquiera y hacer una reverencia al mismo tiempo". En el sur, en la campaña contra el indio, Darwin había hallado todo esto y a la vez "esos soldados cristianos eran mucho más salvajes que los impotentes paganos que estaban dedicados a destruir".

Todo el año 1834 fue de zozobra, si bien de avance en el comercio británico. Hamilton tuvo a su cargo proponer la firma de un tratado entre Gran Bretaña y la Banda Oriental, en febrero de 1835, similar al que Parish obtuvo con Buenos Aires. Hamilton también tuvo que mediar, así como lo tuvieron que hacer Parish, Fox y Griffiths, en los conflictos internos de la colectividad británica en torno al establecimiento de la iglesia anglicana y presbiteriana, de un cementerio británico y un hospital. El conflicto era en relación a fondos que el gobierno británico hacía disponibles para la fundación de iglesias y cementerios, con los que lograba consolidar una colectividad residente y así reforzar lazos comerciales.

El ambiente de zozobra política se confirmaba a comienzos de 1835 con un "Horrible atentado" según la crónica periodística: "El correo *Marín*, llegado *hoi* (sic), ha traído la más espantosa noticia.

"El ha visto los yertos e insepultos cadáveres del Sr. general D. Juan Facundo Quiroga, de su secretario el coronel Ortiz, de 8 individuos más que formaban su comitiva, y del correo Lurges. Esta degollación inhumana ha tenido lugar en el punto llamado Barranca Yaco, jurisdicción de Córdoba, entre Ojo de Agua y Sinsacate, el día 16 del próximo pasado febrero."

Hamilton informó acerca de la emboscada el 23 de marzo, "El gobierno continúa haciendo todo esfuerzo posible por hallar a los individuos implicados... Se asegura que el general Reinafé, gobernador de Córdoba, entonces ausente de la capital, según se pretende, por razones de mala salud, y el general López, gobernador de Santa Fe, están en los orígenes de esta conspiración. La indignación particular, por parte de uno de estos personajes, y celos políticos por parte del otro, fueron la principal provocación para este acto de venganza; siendo el instrumento usado por ellos para ejecutarlo ningún otro que el jefe de policía de Córdoba..."

Y en medio de la crisis llegó Rosas al gobierno. Hamilton Hamilton tuvo la impresión de que Rosas era reacio a aceptar el poder en las circunstancias que lo hallaba.

Rosas ha sido descripto como anglófilo en algunos textos históricos (como ser *Cuando Rosas quiso ser inglés: historia de una anglofilia*, Alfredo Burnet Merlin, Buenos Aires, 1974), pero las cartas que aquí se reproducen reflejan un respeto hacia el poderío británico, y el respeto recíproco del enviado diplomático ante un hombre de fuerza e inteligencia desconocidas; así como un odio mutuo. Inglaterra necesitaba al Río de la Plata como mercado y ostentaba su poder para lograrlo; Rosas necesitaba tener como aliada a una nación que era una de las primeras potencias del mundo. Esto debe tenerse en cuenta al leer esta correspondencia; y las cortesías deben verse en este contexto.

Arthur Wellesley, duque de Wellington, a quien va dirigida la correspondencia de Hamilton, nació en 1769. Héroe de las llamadas Guerras Peninsulares, primer ministro inglés en 1828, fue convocado por el rey Guillermo IV a formar gabinete en 1834. Nombró a sir Robert Peel como primer ministro y reservó para sí la dirección de la política exterior. La ausencia de Peel en Italia dejó a Wellington en los cargos de primer lord, ministro del interior y de relaciones extranjeras, una dictadura que duró tres semanas y le dio enorme fama como estadista. Wellington resignó el cargo en el Foreign Office en 1835, al caer el gobierno de Peel; luego regresó al gabinete en 1841 y se retiró finalmente de la vida pública en 1846. Falleció en 1852.

Buenos Ayres, 14 de abril de 1835

Su Gracia
El duque de Wellington

Milord duque,

La ceremonia de recibo del brigadier general Dn. Juan Manuel de Rosas como gobernador y capitán general de la provincia de Buenos Ayres, que había sido fijada tal lo anunciado en mi número 23 para el 6 del corriente fue diferida a pedido del general, como anticipé en mi carta adjunta, al día de ayer, el día 13.

A la una hora Su Excelencia acudió a la Sala de Representantes y luego de tomar juramento se dirigió al Cuerpo Representativo en un discurso el cual tengo el honor de adjuntar, respondiendo el vice presidente en tono sumamente laudatorio y sugiriendo la institución de la largamente prometida constitución.

De la sala el general se dirigió al fuerte donde, una vez debidamente instalado en el asiento de gobierno, recibió sucesivamente a las autoridades constituidas y al cuerpo diplomático momento en que, según la usanza de este lugar, siendo yo miembro decano del cuerpo diplomático, dirigí un discurso a Su Excelencia al que él respondió.

Durante el curso de la tarde se emitió la proclama del nuevo gobernador y dentro de un día o dos podemos esperar que se anunciará la constitución del nuevo Ministerio.

Así, luego de un largo y desastroso interregno este desafortunado país tiene gobierno —un gobierno que se le ha instalado, aparentemente, a pedido de una parte considerable de sus habitantes, pero una parte que está, incuestionablemente, lejos de ser la de mayor consideración y la más respetable—; un gobierno que, en realidad, ha sido impuesto, en un momento de profundo pánico y alarma, por el remanente fanático y embrutecido de la antigua dominación española y por los semi civilizados peones del individuo elegido para presidirlos. Pero no es un gobierno que puede satisfacer a las actuales necesidades de la comunidad en el progreso a que se encuentra abocado, hacia un estado mejor de civilización, o dirigir, en el grado más remoto, hacia un futuro bienestar. El mismo gobernador, es cierto, no cierra sus ojos ante la variedad de penas y peligros que presenta su posición; trata demasiado profusamente en promesas de condigno castigo para los enemigos del país y del sistema federal; pero su esperanza de lograr mediación práctica, extensiva, permanente en la calamitosa condición actual de la provincia parece estar lejos de lo confiable, pareciendo más bien reflejar un sentimiento de melancolía y desaliento en todos los documentos públicos que han emanado de él desde que se inició la cuestión de su regreso al poder. En resumen, el tono de amenaza que nunca deja de adoptar cuando entra en tema el Partido Unitario y que usa libremente no deja de ser lamentado aun entre muchos individuos bien intencionados de su propio partido, y ha creado en todo el país una gran sensación de la más negra desconfianza que hace que una continua y excesiva expatriación a la Banda Oriental y demás lugares sea el natural, si bien desastroso, resultado.

Sin embargo, si el sistema de amenaza y terror al que parece haber recurrido el nuevo gobernador como regla de acción, en lugar de amnistía y conciliación, es condenada por todos los partidos, con excepción de algunas mentes beneficiadas y descarriadas que componen su consejo, una actitud de extrema precaución y vigilancia es más que necesaria. Se ha descubierto una conspiración para asesinar al general Rosas; por lo menos es sabido que algunas personas de importancia —uno un dignatario de la Iglesia— han sido detenidos y apresados bajo esta acusación, mientras que otros han logrado huir del país y otros han hallado refugio en la capital. Los particulares de la conspiración no han sido conocidos, pero algunos de los implicados, o que han sido acusados de estarlo, no tienen contacto alguno con el Partido Unitario, circunstancias que, de ser ciertas, deben aumentar materialmente las dificultades y peligros de la gestión.

Hubo una buena muestra de pompa, por lo menos para este país, en la recepción ofrecida al general; pero los observadores estaban lejos de ser numerosos y entre ellos había pocos de alto rango o situación en la sociedad, a la vez que los testimonios de celo y entusiasmo por su causa, y de satisfacción por su presencia fueron en proporción limitados.

En la provincia de Rioja, lugar de nacimiento del

general Quiroga, ha ocurrido una insurrección, encabezada por un coronel Brizuela, un meritorio oficial del general fallecido. Los detalles del alzamiento no son conocidos, pero por poca consideración que merezca dada su fuerza, sus consecuencias pueden ser de incalculable importancia en la actual situación distraída y vacilante de la mentalidad pública en toda la República Argentina.

El Paquete "Cockatrice", que lleva este despacho a Río de Janeiro, debió zarpar hace más de una semana, pero habiendo llegado aquí más de ese tiempo antes de lo esperado, no dudé en detenerla con el propósito de comunicar al gobierno de Su Majestad acerca del regreso al poder del general Rosas, hace tanto un tema de ansiosa averiguación en esta provincia y que ahora tuvo lugar.

Tengo el honor de ser con el más alto respeto,
Milord duque,
el más obediente y humilde servidor de Su Gracia

Hamilton Hamilton

Buenos Ayres, 26 de abril de 1835

Su Gracia
El duque de Wellington

Milord duque,

La inquietud, casi diría alarma, bajo la cual sufren los extranjeros residentes en esta ciudad desde hace algún tiempo, ha aumentado con el avance de los hechos desde la inauguración de J. M. de Rosas como primer magistrado de esta provincia.

Una cinta punzó es usada en el ojal de la solapa por todos los partidarios del nuevo gobernador y, por temor, por muchos otros nativos que no aprueban ni del hombre ni de los principios de su partido. Una gran mayoría de los habitantes extranjeros, en el ejercicio de la libertad de acción cuyo derecho no puede ser objetado, han desistido de asumir este emblema distintivo y, en consecuencia, han sido víctimas de insultos y atropellos a sus personas en demasiadas instancias.

Bajo estas circunstancias ha sido muy agradable, cuando

ninguna de las naves de guerra de Su Majestad estaba en el Río de la Plata, recibir del capitán del "Eric", de la Armada Estadounidense Norteamericana, una carta ofreciendo, para beneficio de los súbditos de S. M., el respaldo que esa nave tiene la facultad de ofrecer para cualquier caso de necesidad.

Adjunto copia de la carta del capitán Percival y una respuesta que consideré oportuno enviar.

Tengo el honor de ser con el más alto respeto,
Milord duque
el más obediente y humilde servidor de Su Gracia

Hamilton Hamilton

Buenos Ayres, 2 de mayo de 1835

Su Gracia
El duque de Wellington

Milord duque,

Habiendo finalmente el general Rosas efectuado parcialmente sus arreglos ministeriales, los siguientes nombramientos fueron publicados oficialmente en la tarde de ayer:

Dr. Dn. Felipe Arana será secretario del Departamento de Asuntos Extranjeros;

Dn. José M. Rojas será secretario del de Finanzas;

Dn. Agustín Garrigos será *Oficial Mayor* o subsecretario del Departamento de Interior y ocupará *ad interim* las funciones de ministro;

General Dn. Agustín Pinedo, Inspector general, desempeñando las funciones del Departamento de Guerra y Marina.

El Sr. Arana, bajo el gobierno del general (sic) Dorrego, fue presidente de la Sala de Representantes, es ahora juez de la Cámara de Apelaciones; y se dice de él que muestra limitado talento.

El Sr. Rojas fue presidente de la sala durante el gobierno del general (sic) Rivadavia; y ministro del Interior y de Finanzas bajo el del general Dorrego, ocupando el mismo Departamento en la anterior administración del general Rosas. Es un hombre informado, de talento y probidad.

El Sr. Garrigos es un hombre joven de gran habilidad, y probablemente tenga actuación en el gabinete del gobernador.

La experiencia del Sr. Pinedo en asuntos militares ha sido adquirida, tengo entendido, solamente en la Ciudad de Buenos Ayres; o, por lo menos, casi es así.

El Dr. Dn. Manuel de Yrigoyen, que ha estado desempeñando todas las funciones más esenciales de la administración desde la terminación del gobierno del general Viamonte en septiembre último, continúa en el cargo de *Oficial Mayor* de Relaciones Exteriores, pero esto sólo será, tengo entendido, durante un tiempo limitado.

El día 28 último el Cuerpo Representativo dio por terminada su 12ª Sesión, habiendo llegado a la resolución de que durante la existencia de los Poderes Extraordinarios conferidos a M. Rosas deberá reunirse únicamente para la consideración de asuntos legislativos que puedan ser sometidos por el Ejecutivo.

Durante el receso las dos terceras partes de los miembros que componen la sala serán renovados, pero aún no se ha fijado la fecha de la elección.

Tengo el honor de ser, con el más alto respeto,
Milord duque
el más obediente y humilde servidor de Su Gracia

Hamilton Hamilton

Buenos Ayres, 6 de mayo de 1835

Su Gracia
El duque de Wellington

Milord duque,

Tengo el honor de enviar adjunto a Su Gracia copias de cartas que han sido dirigidas por Dn. Juan Manuel de Rosas a los presidentes de las Repúblicas de Uruguay, Chile y Bolivia, y a los gobernadores de las diferentes provincias que componen la República Argentina en la ocasión de su elevación al Gobierno Supremo de la Provincia de Buenos Ayres; junto con alguna correspondencia oficial adicional relacionada con el asesinato del general Quiroga.

La misma invectiva contra el Partido Unitario que ha caracterizado a toda la producción epistolar reciente del gobernador y la misma amenaza general son conspicuas en los papeles aquellos, mientras que estos dan muy pocos datos más de lo que teníamos antes acerca del trágico incidente al cual hacen referencia, si bien las cartas al gobernador de Córdoba de Felipe Ibarra y Juan Manuel de Rosas parecen indicar una sospecha que el gobierno de esa provincia no es del todo inocente de la sangre que ha sido derramada.

Tengo el honor de ser con el más alto respeto,
Milord duque
el más obediente y humilde servidor de Su Gracia.

Hamilton Hamilton

Buenos Ayres, 11 de mayo de 1835

Su Gracia
El duque de Wellington,

Milord duque,

Por medio de mi despacho adjunto, número 28, Su Gracia se informará acerca de la inquietud y alarma sentidas generalmente en esta, y de los insultos a los que han sido expuestos muchos residentes extranjeros que no se avienen a utilizar el emblema que identifica al Partido Federal, término que es sinónimo con el partido del general Rosas.

Es mi deber informar a Su Gracia que la legación de Su Majestad ha sido víctima de indignidad similar, si bien agravada. Uno de mis sirvientes, el Sr. Federico Hamilton, *agregado* de la legación, y yo fuimos el día 29 último, negados la entrada al fuerte, donde se sitúan las oficinas del gobierno, por no vestir el emblema mencionado.

Las circunstancias del caso son las siguientes: aquel día llegué en mi carruaje al puente levadizo que conduce al fuerte, de ahí envié a mi sirviente con una carta al Ministerio de Asuntos Exteriores; pero el centinela no le permitió el paso por las razones que ya he dado. Estando a mi lado el Sr. Federico Hamilton, decidí que fuera de inmediato a explicar al *Oficial Mayor* del Departamento Exterior acerca de la obstrucción a que había sido expuesto el sirviente en la ejecución de mis órdenes, sin embargo a ese señor tampoco le fue franqueado el paso, y por la misma razón. Habiendo sufrido doble violación esa perfecta independencia que pertenece al personaje diplomático como así a sus subordinados y a los miembros de su misión y a mí mismo, abandoné mi carruaje y fui personalmente a las puertas con la intención de hacer conocer mi protesta en persona; pero al ministro plenipotenciario de Su Majestad también se le prohibió la entrada, y también por el oficial que comandaba la guardia, como así por el centinela y de una forma altamente indecorosa e irrespetuosa.

Bajo estas circunstancias, en predicamento tan desagradable como entonces me veía situado, me quedaba únicamente un solo curso a seguir, que era dirigir al gobierno una nota de protesta reclamando reparación y compensación. Así obré. Pero aun esta comunicación debió ser entregada por un individuo que vestía el emblema.

De esa nota, así como de la correspondencia que le siguió, tengo el honor de adjuntar copias para información de Su Gracia.

Quizás se opine que mis representaciones ante el gobierno hayan sido expresadas en lenguaje algo fuerte, que entran en demasiado detalle, que citan muy particularmente las inmunidades que pertenecen a mi posición. En cualquier otro momento, bajo otro estado de cosas tal objeción puede ser aceptada. Pero aquí ha habido recientemente un ánimo de tanta ofensa, de tanta animosidad, de tanta falta de respeto hacia los extranjeros, y más particularmente hacia los agentes extranjeros (un ánimo, sin embargo, que me inclino a creer que no es natural al país, pero cuya propagación y desarrollo es alentada por unos pocos individuos de alta situación en la comunidad), que alguna fuerte reprobación, algún pequeño y saludable consejo parecían indispensables. El impermisible comportamiento de un oficial del gobierno hacia el representante de Su Majestad ha presentado la oportunidad de dar esto, y confío que si bien se ha hecho con firmeza, esa firmeza ha sido moderada con un aceptable grado de comprensión y conciliación.

Don Felipe de Arana (quien recibió la cartera de Asuntos Exteriores pocos días después de la fecha de mi nota) en su respuesta, luego de dar amplia constancia de su displicencia y enojo sufridos por el gobierno ante el incidente, de su respeto por la ley de naciones, de su deseo de ver intactos los lazos que unen ambos países, manifiesta que se dictó orden de arresto contra el oficial para dar cuenta de su inconducta, y para demostrar su respeto por el Rey, nuestro Soberano, no omitiría esfuerzo para darme total satisfacción.

El principal error de parte del gobierno reside en no haber hecho provisión en favor de los cuerpos diplomáticos y consulares de una específica exención de la operación de la orden por la cual se excluía del fuerte todo individuo que no usaba la divisa punzó, un error no advertido en la nota del Sr. Arana. Sin embargo el tenor de la nota es tan sumisa, tan amistosa, y estoy tan dispuesto a creer en la imposibilidad de una repetición de la ofensa que no dudé en mostrarme satisfecho en mi respuesta y solicité que se dejara en libertad al oficial y que sea restituido a sus funciones. Esto el ministro, en su respuesta, luego de un preámbulo más cortés y más conciliatorio aun que antes, asegura que se ha hecho.

Me queda solamente expresar la esperanza que las medidas que consideré necesario reclamar en este desagradable episodio, serán tales de merecer la aprobación de Su Graciosa Majestad.

Tengo el honor de ser con el mayor respeto,
obediente y humilde servidor de Su Gracia
Milord duque,

Hamilton Hamilton

Buenos Ayres, 7 de mayo de 1835
Año 26 de la Libertad y 20 de
la Independencia

Excmo. Sr. Ministro Plenipotenciario de S. M. B.

El infrascripto ministro de Relaciones Exteriores tiene el honor de dirigirse al Exmo. Sr. ministro plenipotenciario de S. M. B. cerca del gobierno de las Provincias Unidas del Río de la Plata, para contestar la nota del 30 de abril ppdo. en que el enunciado Sr. ministro plenipotenciario transmitió al conocimiento del Exmo. Sr. gob^{or} por conducto del oficial mayor del Ministerio de Relaciones Exteriores, entonces encargado de autorizar las resoluciones de S. E., el desagradable suceso acaecido el 29 del expresado mes a las puertas de la casa de gobierno en la persona del Sr. ministro plenipotenciario, en la de un oficial de la legación británica y en la de un sirviente de la misma, haciendo la más solemne reclamación y reagravándola por el lenguaje indecoroso y altamente insultante con que fueron puestas en ejecución las órdenes del gobierno por el oficial que mandaba la guardia del fuerte, a fin que instruido S. E. de este extraño acontecimiento se sirva dictar las competentes órdenes en desagravio del ultraje inferido al Soberano de la Gran Bretaña en la persona de su representante con menoscabo de la inviolabilidad e independencia del carácter que inviste y le está garantido por las leyes de las naciones.

El gobierno de Buenos Ayres encargado de dirigir las relaciones exteriores de las Provincias Unidas del Río de la Plata, no ha podido oír sin el más profundo sentimiento la relación del suceso que reclama el Sr. ministro plenipotenciario de S. M. B. y firme en los principios de buena amistad e inteligencia entre ambos Estados, deseando dar una prueba positiva del sumo desagrado que le ha causado este suceso y del respeto que profesa a las leyes de las naciones y muy particularmente a las consideraciones a que son acreedores los ministros de S. M. B. por parte de esta República ha dispuesto que dicho oficial sea inmediatamente arrestado, como lo está en efecto, y que formándosele la competente sumaría se eleve al gobierno para según su mérito dejar satisfecha la justicia y reparados dignamente los agravios que han servido de fundamento a la expresada reclamación.

El gobierno confía en los nobles sentimientos del Sr. Ministro de S. M. B. le hará la justicia de creer la sensible impresión que ha recibido con tan desagradable suceso, y que habiendo dado incesantes pruebas del respeto que le merece S. M. el Rey de la Gran Bretaña y del deseo de conservar y estrechar las relaciones de amistad, no omitirá medio de dar la más completa satisfacción al Sr. ministro plenipotenciario, a quien el infrascripto tiene el honor de dirigir esta contestación por orden de S. E. el Sr. gobernador de la provincia.

Dios guarde a S. E. muchos años

Felipe Arana

Buenos Ayres, 14 de mayo de 1835

Su Gracia
El duque de Wellington

Milord duque

El 15 de abril, dos días después de la instalación del gobierno del general Rosas, transmití al oficial mayor del Departamento Exterior una copia de la carta del Rey notificando a las Provincias Unidas del Río de La Plata de la muerte de Su Alteza Real el duque de Gloucester, solicitando que Su Excelencia el gobernador tenga el placer de fijar un día en que pudiera recibir el original de la carta de Su Majestad.

No habiéndose registrado atención alguna a esta comunicación hasta el 29 de abril, en esa fecha envié una segunda copia de la carta real, suponiendo que la nota enviada anteriormente pudo haberse perdido; esto produjo una respuesta pidiendo disculpas por la omisión y explicándola en la falta de un ministerio.

Una semana después recibí una notificación que fijaba

el día 12 del actual para mi audiencia y en ese día tuve el honor de entregar la carta de Su Majestad al gobernador en la forma usual. Tanto en mi entrada al fuerte, como a mi salida de él, recibí los honores debidos a un capitán general; luego me fue transmitida una copia del decreto del gobierno, del cual incluyo una transcripción, que establece el duelo público.

Tengo el honor de ser, con el mayor respeto,
Milord duque
el más obediente y humilde servidor de Su Gracia

Hamilton Hamilton

Post Data: El informe adjunto de la ceremonia de mi recepción, etcétera, apareció en la *Gaceta Mercantil* de ayer.

Buenos Ayres, 12 de mayo de 1835
Año 26 de la Libertad y 20
de la Independencia

El gobierno para dar un testimonio público del profundo dolor que le ha causado la noticia del fallecimiento de su alteza el Duque de Glocester (sic) hermano político y primo de su grande y buen amigo el Rey del Reino Unido de la Gran Bretaña é Irlanda, ha acordado y decreta:

Art. 1. Los empleados civiles y militares, se presentarán en público de luto, el día 13 del corriente.

2. El luto será una lazada de gaza negra sin lustre en el brazo izquierdo.

3. Comuníquese, publíquese e insértese en el Registro Oficial

Rosas

Felipe Arana

John Henry Mandeville
[1840]

Mandeville llevaba cuatro años en Buenos Aires al promediar ese triunfal, conflictivo, terrorífico, año 1840. Nombrado por Henry John Temple, vizconde Palmerston, un político y diplomático de gran experiencia que había llegado al Foreign Office como secretario en 1841, como ministro plenipotenciario en Buenos Aires a partir del 8 de mayo de 1836, la gestión de Mandeville fue, cuando menos, controvertida, pero también un buen ejemplo de la paciencia que debe ejercer un diplomático y un pésimo ejemplo de la ingenuidad en la que no debe caer quien ejerce esa función.

A poco de su llegada a Buenos Aires, Mandeville compró una quinta en San Isidro, que vendió en junio de 1837 al cónsul austríaco, para instalarse en la ciudad.

Su correspondencia a Londres es, en general, demostrativa de un alto nivel intelectual y, en la mayoría de las veces en que trata asuntos de importancia, provocativa.

El 3 de enero de 1838, al informar sobre la inauguración de una nueva sesión de la Sala de Representantes, Mandeville comentaba a propósito del mensaje de Rosas a los miembros: "Luego atiende a la ya gastada cuestión de las islas Falkland y se queja como es costumbre de la injusticia de su ocupación por Gran Bretaña, sin recibir, me atrevo a decir, mucha simpatía del público con excepción de las pocas personas que han especulado con la instalación de una propiedad en ese lugar. Seguramente esto ocupará un párrafo anual en cada mensaje hasta que el tema muera de cansado, al menos que una causa sin méritos induzca al gobierno a reavivar el tema para escudarse tras él..."

La primera de las cartas que se reproducen aquí acompañan el saludo de Rosas a la reina Victoria por su casamiento con el príncipe Alberto. No hay otro comentario, naturalmente, pero tanto el gobierno de Buenos Aires como Mandeville deben haber recordado la desagradable sorpresa que fue el no poder tener presente a un enviado porteño en la coronación. El 12 de junio de 1838 el Foreign Office había escrito a un tal Mr. Dickson, accidentalmente ministro argentino en Londres, denegándole invitación a la coronación de Victoria porque era súbdito británico y por ello no podía representar a Buenos Aires, si bien sus credenciales de representación estaban en orden.

Los relatos de persecución de opositores al gobierno de Rosas tienen, en la pluma de Mandeville, un resabio de las escenas de *Amalia*, de José Mármol. Y era justamente éste el diplomático inglés que es mencionado reiteradamente en la famosa novela, por cierto en términos sumamente difamatorios. El historiador argentino Dr. Oscar Vaccarezza, entre otros, menciona en un texto la extraña relación entre Mandeville y Rosas. Había cierto grado de intimidad, del que ambos se aprovechaban (y que en 1845, ante quejas de miembros de la colectividad británica en Buenos Aires, hizo que Mandeville fuera trasladado a otro destino). Mandeville coqueteaba con Manuelita Rosas; el gobernador se mofaba del diplomático, quien aparecía en reuniones públicas con una jovencita inglesa que identificaba como su sobrina. Demás está decir que la sociedad porteña entendía que lo que unía al diplomático y a la joven no era justamente esa relación familiar.

En lo que concierne al bloqueo francés del puerto de Buenos Aires, Rosas insistió en mantener informado en todo momento al enviado británico. El 27 de marzo de 1838, Mandeville, en carta confidencial, informó que el día 24 de marzo, el almirante Leblanc había reclamado al gobierno de Buenos Aires que la legislación vigente se reformara para beneficio de los franceses residentes "como son tratadas las personas y propiedades de la nación más favorecida (se refiere a nosotros) hasta tanto se logre la intervención de un tratado". El almirante francés buscaba que los franceses fueran exceptuados del servicio militar, que se le reconociera a Francia el derecho de "reclamar indemnizaciones en favor de franceses que han sufrido injustamente en sus personas o en sus propiedades". Se fijó un plazo de 48 horas para conceder lo reclamado. Rosas inmediatamente envió a un funcionario para dar cuenta a Mandeville del ultimátum.

A este reclamo siguieron dos años de bloqueo que culminaron en un tratado con Francia en que Rosas concedió únicamente lo que estaba dispuesto a conceder en primera instancia: es decir, ningún privilegio que se comparara con aquellos ya otorgados a súbditos británicos. Si bien el bloqueo nunca fue total, tuvo un efecto negativo sobre el comercio británico. El 29 de agosto de 1838 un comerciante de nombre Taylor, residente en Inglaterra con intereses en el Río de la Plata, escribía a Palmerston que durante 1837 se habían despachado 34 barcos a Buenos

Aires con mercadería inglesa por valor de 600.000 libras esterlinas. Desde el bloqueo, se quejaba, sólo se habían enviado mercaderías por valor de 350.000 libras esterlinas a Buenos Aires (es decir en menos de cinco meses) y temía que buena parte de ese volumen no sería librado a la plaza de Buenos Aires.

Pero si bien hubo momentos de buenas relaciones entre Rosas y Mandeville, nunca faltó la conspiración. Rosas buscó cualquier forma de crearle situaciones embarazosas al enviado; el diplomático siempre estaba en busca del chisme íntimo acerca de Rosas para poder demostrar estar informado. En una carta del 21 de junio de 1844, Mandeville informaba al Foreign Office que le resultaba muy útil tener como funcionario del consulado al doctor James Lepper, ex cirujano de la armada británica que había desembarcado en Buenos Aires en enero de 1822 y había estado entre los fundadores de la Academia de Medicina y del Hospital Británico. El funcionario consular era médico de Rosas, a quien escuchaba monologar incesantemente acerca de sus enemigos, sus amistades y su gobierno. Mandeville dio la impresión de que tales monólogos no estaban cubiertos por la discreción hipocrática.

Buenos Ayres, 1 de junio de 1840

El vizconde Palmerston

Milord,

Tengo el honor de transmitir a Su Gracia la respuesta que el gobernador y capitán general de esta provincia a cargo de las relaciones exteriores de la Confederación Argentina ha dirigido a la Reina en respuesta a la carta de Su Majestad anunciando a la Confederación la solemnización del casamiento de Su Majestad con su Alteza Real el príncipe Alberto de Saxe-Cobourg-Gotha.

Adjunto una copia y traducción de la carta que, debido a un descuido del gobierno en actividad, no recibí antes de hoy.

Tengo el honor de ser con gran respeto,
Milord,
su más obediente y humilde servidor

J. H. Mandeville

Copia

El gobernador y capitán general de la provincia de Buenos Ayres, encargado de las relaciones exteriores de la Confederación a la Augusta Soberana de la Gran Bretaña —Salud—

Nuestra grande y buena amiga

Vuestra *Magestad* se ha dignado darme un nuevo testimonio de su amistad comunicándome su matrimonio con Su Alteza Real el príncipe Alberto Francisco Augusto Carlos Manuel, hijo segundo de Su Alteza Serenísima el duque reinante de Saxe-Cobourg-Gotha, que se celebró el 10 de febrero último.

Hace justicia Vuestra *Magestad* a mis sentimientos cuando expresa la confianza del vivo interés que tomo en todo lo que le pertenece. La felicidad de la ilustre casa de Vuestra *Magestad* y la prosperidad de la Gran Bretaña será siempre uno de los primeros objetos de mis más cordiales votos.

Intimamente sensible a las seguridades de amistad que contiene la muy apreciable Real carta de Vuestra *Magestad,* la de la República Argentina y la mía serán inalterables.

El Todo Poderoso preserve a Vuestra *Magestad* colmándola de ventura y de gloria.

En Buenos Ayres a 16 de mayo del año de Nuestro Señor 1840.

Vuestro buen amigo.

(firmado) *Juan Manuel de Rosas*
(refrendado) *Felipe Arana*

Buenos Ayres, 22 de julio de 1840

El vizconde Palmerston

Milord,

El Paquete apenas había levado anclas cuando un oficial arribó ayer de Entre Ríos con un despacho del general Echagüe anunciando la derrota y dispersión del ejército del general Lavalle el día 16 del actual. Los detalles no han sido recibidos aún, pero en una nota que me ha enviado el Sr. de Arana que recibí anoche Su Excelencia me informa que el general Lavalle abandonó el campo de batalla con solamente cuarenta hombres y había fugado en dirección a Punta Diamante sobre el río Paraná donde unas naves de guerra francesas estaban ancladas, con la intención, se supone, de tomar refugio a bordo.

Adjunto una copia del informe del general Echagüe acerca de la acción.

Habiendo sido ordenado el regreso del barco de Su Majestad "*Acteon*" a Río de Janeiro y ya que no ha podido zarpar hasta esta mañana, esto me permite enviar esta información a Su Señoría: que si los hechos son tales como se los representa esto tendrá gran influencia, pienso, sobre la mente del general Rosas —lo hará mucho más tratable en cualquier negociación futura con Francia— ya que el mundo no podrá decir que se ha avenido a actuar así por temor al Partido Unitario, y que cualquier sacrificio de opinión a que pudiera llegar procederá de la deferencia hacia los intereses de su país y no del temor personal o de la duda de si podría mantener su situación como jefe de la Confederación Argentina.

Esta mañana el general Rosas me ha enviado los originales de los despachos que le han sido dirigidos y que dan cuenta de las ventajas que han sido obtenidas contra el general Lavalle, contenidas en una carta que me ha dirigido Su Excelencia, que confirma, en mi opinión, mis esperanzas arriba expresadas de una sincera disposición del gobernador a poner fin a las diferencias que sostienen su país y Francia.

Tengo el honor de ser, con el mayor respeto,
Milord
el más obediente y más humilde servidor de Su Señoría,

J. H. Mandeville.

¡VIVA LA FEDERACION!

Cuartel general en las Puntas del Sauce Grande *á* 16 Julio de 1840 - Año 31 de la Libertad, 26 de la Federación Entrerriana, 25 de la Independencia, y 11 de la Confederación Argentina

El General en Gefe del ejército unido de operaciones de la Confederación Argentina

Al Exmo. Sr. gobernador y capitán general de la provincia de Buenos Ayres, ilustre restaurador de las leyes, brigadier general D. Juan Manuel de Rosas, encargado de los negocios nacionales de la República.

Dueño del campo de batalla por segunda vez, después de un combate de dos horas, en que los bravos defensores de la independencia nacional han rivalizado en valor y esfuerzo contra los infames esclavos del oro extranjero, tengo la satisfacción de comunicar *á* V. E. tan plausible acontecimiento, y congratularle por los inmensos resultados que debe producir.

Habiendo empleado el enemigo el día de ayer en un furioso pero inútil cañoneo, que fue vigorosamente contestado, se resolvió al fin hoy a la una de la tarde a traernos el ataque. Para este fin marchó sobre nuestro flanco derecho casi toda su caballería, mientras que su artillería asestaba sus fuegos, pero no impunemente al centro de la línea, por cuyo motivo el choque de nuestros escuadrones tuvo lugar a retaguardia de la posición que ocupábamos. Allí fueron acuchilladas esas ponderadas legiones de los traidores, quedando tendidos más de seiscientos, entre ellos dos coroneles y varios oficiales, y se tomaron veintiseis prisioneros incluso un capitán. Se dispersaron unos hacia el norte, buscando la selva de Montiel, y otros *á* varias direcciones hasta donde permitía perseguirlos el estado de nuestros caballos.

Entre tanto nuestra artillería no estaba ociosa, repeliendo con suceso los tiros de la enemiga, y nuestros batallones aguardaban con imperturbable serenidad la aproximación de los contrarios, que venían haciendo fuego para descargar sus armas, como lo hicieron con tal acierto, que acobardados los infantes correntinos que escaparon con vida se entregaron *á* la fuga antes de llegar *á* la bayoneta, arrojando las armas. Ya se me han presentado más de cien fusiles.

Nuestra pérdida es corta, y creo que no pasan de sesenta individuos fuera de combate, muertos y heridos. Sólo me resta asegurar a V. E. que los Sres. generales, *gefes*, oficiales y tropa se han conducido con bizarría, y espero completar en breve la destrucción de los restos del enemigo, para recomendarles como merecen al aprecio de sus compatriotas y de todos los amigos de la Independencia Americana.

Dios guarde *á* V. E. muchos años.

Pascual Echagüe

Adición - En la batalla nos presentó el enemigo una fuerza de extranjeros, que acompañó a los traidores correntinos *á* la ignominiosa fuga en que se pusieron.

Echagüe

José Francisco Benites
(Secretario militar)

Buenos Ayres, 14 de octubre de 1840.

El vizconde Palmerston KB

Milord,

Los excesos cometidos en Buenos Ayres para la gratificación de la venganza pública y privada han alcanzado una altura pocas veces registrada en los anales de la historia. Durante las tres semanas precedentes hasta hace unos pocos días no pasaba noche que dos o tres, y hasta doble y triple ese número de asesinatos tenían lugar en la ciudad y suburbios; y en una instancia un hombre, el Sr. de Quesada, anteriormente ayudante de campo del general Lavalle, fue llevado de día, visto por uno de sus amigos a las diez en la vía pública acompañado por un hombre, y hallado en la mañana siguiente con el cuello cortado cerca del cementerio de los nativos: horrible es decir que es la modalidad constante de dar muerte adoptada por los asesinos.

La consternación que reina entre los habitantes nativos y extranjeros la podrá concebir su Señoría fácilmente con mi descripción, ya que no hay indicio por el cual juzgar ni cuándo terminará este estado de cosas, ni con qué medidas, excepto mediante el mismo poder invisible que lo autoriza y alienta. Surge entonces una pregunta, ¿podrá ese poder dar término a la sed de sangre que ha instigado en los ejecutores, y podrán ser tan pasivos en abstenerse del asesinato como han sido efectivos en ejecutar los sanguinarios decretos con que se les ha instruido? Durante años, desde la asunción del poder por el general Rosas, ha existido en esta ciudad un *Club* que lleva por nombre "Sociedad Popular" pero que es más generalmente conocido con el término de "Mazorca" que significa la cabeza del maíz o cereal indio, pero que al pronunciarse suena igual que "más horca".

Esta Sociedad, al igual que los Tribunales secretos de la Alemania de la Edad Media, emite sus decretos e inmola a sus víctimas. Las personas que han sido sacrificadas de esta manera han sido todas, por acto u opinión, pertenecientes al Partido Unitario, y muchas de ellas fueron halladas con sus pertenencias intactas, hasta quedando en sus camisas los botones de diamantes u oro, y los anillos en sus dedos. Ni son limitados estos asesinatos a las clases altas o a las clases medias —el gaucho es hallado junto al acaudalado propietario, el portero junto al comerciante o su contador. Pero nadie, a mi entender, ha sufrido más que por sus opiniones unitarias, o actos de hostilidad, supuestos o reales, hacia el gobierno. No ha caído, según mi conocimiento, ningún súbdito británico—. Sin embargo, uno o dos españoles, de la vieja España, que en consecuencia de ser personas registradas en el Consulado británico como nativos de Gibraltar han jurado haber nacido en Gibraltar y han sido registrados en el Libro Consular de Su Majestad como súbditos británicos recibiendo su certificado de Mr. Griffiths, han sido asesinados.

Antes de que esto sucediera apareció un artículo sobre este tema en el "Diario de la Tarde", un periódico vespertino.

Aparte de ocurrir estas atrocidades, los excesos de naturaleza menor son una ocurrencia constante. Bajo el pretexto de entrar en las casas para buscar personas allí escondidas, o en busca de armas, las mujeres son golpeadas o maltratadas de otras formas; las casas son desvalijadas y los muebles y propiedad destruidos.

En más de una ocasión me he acercado para hablar con don Felipe de Arana acerca de este tema, y para hacerle notar a Su Excelencia el descrédito que traerá a su gobierno en todo el mundo si no toma medidas inmediatas para poner fin al horror que tiene lugar. Su Excelencia está evidentemente incómodo cuando discuto con él acerca de esto, y a veces responde que en momentos críticos como el actual, cuando el espíritu partidario se ha alzado a su punto más alto de exasperación, el intentar detenerlo puede causar mayor derramamiento de sangre que el que ocurre ahora. Su Excelencia agregó que no puede, no debe, continuar. Cuando dice que el gobierno no puede detenerlo significa que no se anima, por temor a entrar en conflicto con un poder superior al suyo. Una casa frente a la mía, donde reside una dama que es esposa de un emigrante que por su opinión política reside actualmente en Río de Janeiro y para quien obtuve pasaporte, fue amenazada hace unos días. Fui informado que esa noche, bajo el pretexto de una visita domiciliaria, sería saqueada y sus habitantes maltratados.

Inmediatamente me dirigí a don Felipe de Arana y le rogué que tomara las medidas para evitarlo. Me pareció que estaba enterado de lo que podía ocurrir, ya que su respuesta fue: "Si mando una partida policial, y entra en conflicto con una partida de individuos actuando también bajo autoridad, ¿qué va a suceder?" Le respondí que estaba fuera de mi poder decir cuál sería la consecuencia, pero le rogué a Su Excelencia que recordara que había sido advertido de lo que iba a ocurrir y que confiaba en que no ocurrirían excesos de esta naturaleza tan cerca de mi residencia. Ya habían tenido lugar algunos a poca distancia de mi casa hacía unos seis meses, en ocasión en que varias personas trataron de escapar a bordo de un barco que aguardaba para llevarlos al exterior; pero en aquel momento había una forma para el procedimiento, si bien no había ninguna para el trato sumamente severo que recibieron, ya que estaban actuando en contravención a la ley. Qué medidas fueron tomadas por Su Excelencia no han llegado a mi conocimiento, pero la noche pasó tranquilamente, como así las siguientes, menos una, cuando fueron rotas algunas ventanas, desde mi gestión ante Su Excelencia, aunque entre las personas residentes en la casa está una hermana favorita del general Lavalle y sus hijas.

Es evidente en estos procedimientos que existe un poder oculto más poderoso que el gobierno, pero que puede ser controlado por la mano que lo dirige, si existe el móvil de interés e inclinación.

Tengo el honor de ser con el mayor respeto
Milord
el más obediente y humilde servidor de Su Señoría

J. H. Mandeville.

Buenos Ayres, 29 de octubre de 1840

El vizconde Palmerston K.B.

Milord

Tengo el honor de transmitir a Su Señoría copia de una carta que he recibido del vice almirante, barón de Mackau, en la que me informa que una Convención, copia de la cual tengo el honor de adjuntar, fue firmada en el día de hoy entre Su Excelencia por parte de Francia, y don Felipe de Arana, por parte de la Confederación Argentina, por la cual las diferencias tan largamente subsistentes entre los dos países han sido felizmente terminadas.

El barón de Mackau me informa asimismo que en cuanto quede ratificada la Convención por el gobierno de Buenos Ayres dará órdenes para el levantamiento del bloqueo.

La Convención será transmitida a la Cámara de Representantes de la provincia en el día de mañana para su ratificación; no se ha fijado término para la ejecución de la misma, pero el Sr. de Arana me asegura que dentro de muy poco tiempo la ratificación estará lista para ser entregada.

Tengo el honor de ser con el mayor respeto,
Milord,
El más obediente y humilde servidor de Su Señoría

J. H. Mandeville

Confidencial

Buenos Ayres, 14 de noviembre de 1840

El vizconde de Palmerston

Milord,

No puedo dar, pienso, a Su Señoría mejor descripción del estado en que se encontraba esta provincia poco tiempo antes de que comenzaran las negociaciones de paz, que transmitiendo a Su Señoría copia de una carta privada que he recibido a comienzos del mes pasado del general Rosas.

La razón que dio lugar a esta comunicación fue una representación que dirigí al general Rosas acerca del tema del populacho indisciplinado y alborotado que se reunía en la vecindad de mi casa bajo el pretexto de saquear y destruir el mobiliario y efectos de los Unitarios. Tuve oportunidad de hablar previamente con el Sr. de Arana acerca del tema, pero al hallar a Su Excelencia impotente o reacio a reprimir estos desórdenes, me dirigí al gobernador.

La alusión que hace Su Excelencia a lo que había sucedido en una casa muy cercana a la mía hace algún tiempo fue un intento, en una tarde en el mes de mayo último, de fugar de esa casa por algunos unitarios reunidos allí para ese propósito y que culminó fatalmente para muchos de ellos, que fueron muertos en el lugar, inmediatamente, bajo las ventanas de mi residencia. Es justicia decir, sin embargo, que es mi entender que la familia que residía en esa casa no tenía conocimiento alguno de lo que sucedía.

Cuando el general Rosas se refiere al tratado con Gran Bretaña como origen de la guerra se refiere a la correspondencia mencionada en mi despacho a Su Señoría número 48 de 1838, del coronel Berón Astrada, en aquel momento gobernador de Corrientes, con el general Echagüe, en la que dice que la causa del bloqueo francés es el tratado con Gran Bretaña e infiere que la Confederación estará siempre expuesta a los desacuerdos con potencias extranjeras mientras se lo observe. Fue muerto más tarde en la batalla de Pago Largo en el mes de marzo de 1839.

Con referencia a su respuesta al Sr. de Arana con relación a lo que sucedió entre Su Excelencia y yo hace algunos días, sucedió así: llegaron a Buenos Ayres desde Monte Video rumores de guerra entre Inglaterra y Francia. El barco de Su Majestad "*Curacoa*" (sic) navegó a Monte Video para escapar a la Escuadra Francesa, dejando en esta un pequeño bergantín de guerra, el "*Camelion*". En caso de una ruptura, le dije al Sr. de Arana, el "*Camelion*" podía intentar entrar en la rada interior y permanecer bajo la protección de las baterías y del fuerte, en consecuencia de cual indicación, como la llama el general Rosas, se impartieron órdenes a los oficiales comandando las baterías para que estén sobre aviso para proteger la entrada del "*Camelion*" a la rada interior.

Con relación a la mención hecha de Mr. Griffiths, el Sr. de Arana me dijo que Su Señoría conoce la insatisfacción que el general Rosas ha expresado contra ese caballero.

Cuando Su Excelencia aludió al estado en que se hallaría este Estado si hubiera continuado la guerra, entendí claramente de él que ni las vidas ni la propiedad de los extranjeros estarían seguros en este país, y si bien no debí abandonar mi puesto, fue mi intención convocar a los residentes británicos de Buenos Ayres para hacerles conocer el peligro personal que en mi opinión corrían al permanecer en el país, y que ayudaría a aquellos que decidieran abandonarlo usando todos los recursos de que disponía, siendo esto el refugio en barcos de guerra británicos y el apoyo de sus botes para llevarlos a bordo y de ahí transportarlos a Monte Video.

El aspecto muy feo del estado de este país en aquel momento no puede ser descripto por mí de mejor manera que transmitiendo a Su Señoría la opinión del general Rosas acerca de las consecuencias de la guerra, que Su Excelencia me ha manifestado en la carta que me dirige, y que me induce a transmitir una copia para información del gobierno de Su Majestad.

Tengo el honor de ser con el mayor respeto,
Milord,
el más obediente y humilde servidor de su Señoría,

J. H. Mandeville

Privado

Buenos Ayres, 14 de noviembre de 1840

Milord,

Tengo el honor de transmitir a Su Señoría copia de una carta que su excelencia el gobernador y capitán general de la provincia me dirige con motivo de la conclusión de la paz con Francia y en la que Su Excelencia manifiesta su profunda y sincera gratitud al gobierno de Su Majestad por el interés que ha mostrado hacia su República en su larga y difícil disputa con Francia.

Tengo el honor de ser con el mayor respeto,
Milord,
el más obediente y más humilde servidor de Su Señoría

J. H. Mandeville

Copia

Santos Lugares de Rosas, 5 de noviembre de 1840

Exmo. Señor ministro Dn. Juan H. Mandeville

De toda mi estimación y respeto

He encargado al Exmo. señor gobernador delegado manifieste a S. M. B. por el órgano de su ministro de R. Exteriores haberse firmado una paz honrosa con la Francia y lo que en ella debemos a los buenos oficios de V. E., que somos deudores a S. M. de una deuda inmensa de gratitud, y que después de esto exprese a V. E. con todo encarecimiento la expresión de mi intenso reconocimiento.

Permítame V. E. ahora reproducirle mis felicitaciones por la paz de la Confederación Argentina con la Francia, en que tanto debemos a la fina amistad y generosa benevolencia de V. E.

Al llenar este grato deber quiera V. E. también recibir un fuerte cariñoso abrazo, de la más fiel amistad que le envío con mi querida hija Manuelita, que regresa para acompañar a V. E. en su tertulia de mañana.

Viva V. E. venturoso, honrado de su nación, a su excelsa soberana y mande con imperio a su reconocido amigo.

Juan M. de Rosas

La batalla de la Vuelta de Obligado vista por *The Times* [1845-1846]

La batalla de la Vuelta de Obligado, en noviembre de 1845, marcó el comienzo de un largo bloqueo de las vías navegables que desembocan en el Río de la Plata. Si bien es imposible pasar por alto ese incidente en un volumen como el actual, el cúmulo de correspondencia de una sucesión de enviados diplomáticos hace difícil una selección adecuada e ilustrativa. El espacio y la eficiencia requieren recurrir al resumen del diario *The Times* para ver cómo vieron al encuentro los ingleses.

The Times, Londres, jueves 15 de enero de 1846
El Río de la Plata
Liverpool, 14 de enero

Correspondencia al 3 de noviembre ha sido recibida por el "John Patchett", de Buenos Ayres. El gobierno experimentó gran preocupación por las consecuencias de la expedición de las fuerzas aliadas para abrir la navegación al río Paraguay y la denunció furiosamente en su órgano, *The British Packet*. Habían hecho grandes preparativos para resistir el pasaje de la expedición por el río; pero no demostrarían ser un gran obstáculo, se supuso, cuando se acercaran los vapores. Era de la suposición general que este método de abrir el comercio al Paraguay crearía tal sentimiento de hostilidad hacia Rosas, siendo él el único impedimento al intercambio irrestricto con extranjeros, que subvertiría todo su poder. Se consideraba esta una muy inteligente medida diplomática de los ministros. Rosas estaba indispuesto.

The Times, Londres, miércoles, 21 de enero de 1846
El Río de la Plata
Liverpool, 20 de enero

Correspondencia desde Monte Video al 22 de noviembre ha sido recibida por vía de Río de Janeiro.

Las escuadras aliadas, se nos informa, habían destrozado las baterías erigidas por Rosas en la entrada del río; y la gran flota de barcos mercantes reunidos en Martín García aguardaban la orden inmediata de proceder a sus destinos.

El puerto de Monte Video presentaba un espectáculo muy animado. Había 133 mercantes en puerto, de los cuales 82 habían arribado en octubre, y 28 en noviembre, dos de estos llevando a bordo a 300 colonos españoles. Gran expectativa se ha creado en torno a la expansión de las relaciones comerciales que se producirían a raíz de la apertura de la riqueza del país del Paraguay a la empresa de nuestros mercantes. Los inmensos beneficios que resulten del comercio serían por sí solos, suficiente compensación por la continuada ocupación de territorio montevideano por las tropas de Rosas; y se hacía cada día más evidente que los métodos tan eficazmente usados por los ministros de Inglaterra y Francia, apelando a las necesidades comerciales de las poblaciones nativas de estos ricos países, serían mucho más efectivos que las armas, y en cierta forma más consistentes con el progreso de la civilización, en lograr el derrocamiento del sistema anticomercial del general Rosas.

Paraguay, nos hemos enterado, ha declarado la guerra contra el dictador.

La correspondencia de Brasil no es de importancia.

Jueves, 29 de enero de 1846

Durante las discusiones que precedieron y que han acompañado a las operaciones de las fuerzas combinadas en el Río de la Plata hemos manifestado con frecuencia que la cuestión de abrir los ríos tributarios y las provincias interiores del continente de Sud América al comercio del mundo no es de importancia secundaria al objetivo primario de nuestra intervención, que es el de asegurar la independencia de Monte Video. Es probable que ningún ataque se hubiera dirigido contra las fuerzas o las posiciones de Rosas sobre la margen derecha del río si no hubiese intentado convertir la autoridad que indudablemente ejerce en Buenos Ayres en un derecho soberano sobre uno de los principales ríos del mundo, con el propósito de excluir a extranjeros del acceso al interior del país. Fue por esta instancia que preparó la más vigorosa resistencia al avance de las escuadras combinadas, y por esta instancia ha recibido una severa y bien merecida lección. El dictador de Buenos Ayres, que es dueño y señor de una margen del Río de la Plata, pero de una posición no superior a sus vecinos opuestos para el propósito del poder comercial o político, pretende usar su autoridad local con la intención de interceptar el intercambio en varios ríos que son navegables para embarcaciones de hasta 300 toneladas de carga a lo largo de 800 millas desde su desembocadura; y en la persecución de su celosa y opresiva política viola los derechos de todos los estados ribereños como así los compromisos de Buenos Ayres misma con los poderes comerciales del resto del mundo. Tal estado de cosas requirió una decidida resistencia por parte de los poderes marítimos. Un bloqueo interno de territorios independientes mediante la clausura de uno de los grandes canales naturales de comunicación no podía ser permitido como mero capricho de Rosas, así como no podía permitirse que el bloqueo de Monte Video paralizara las operaciones de comercio de la costa. Esta injuriosa e ilegal restricción impuesta por el jefe de un Estado sobre el pueblo de otro debe cesar, deben pacificarse las márgenes del río y sus tributarias abiertas a la empresa moderna y a la ciencia moderna. Si alguna vez se libró una batalla por la causa de la paz y por el bienestar de los pueblos en donde tuvo lugar fue la valerosa acción frente a la Punta de Obligado, que se detalla en otras columnas; y tenemos la sincera esperanza que le seguirá una rápida y permanente solución de las dificultades que durante tanto tiempo han detenido el progreso de esas grandes provincias. Hasta donde se puede formar opinión en base a la crónica que hemos tomado de los periódicos brasileños, esta acción constituye uno de los más sorprendentes hechos en la guerra marítima que haya tenido lugar en muchos años, si consideramos la duración del conflicto, las fuerzas relativas de las partes, la fuerte posición cuidadosamente preparada por el gobierno de Buenos Ayres, y el pequeño calado de las embarcaciones que enarbolaban las banderas inglesa y francesa río arriba. A raíz de la falta de embarcaciones europeas equipadas con este calado para el servicio fluvial, varias pequeñas embarcaciones antes usadas por la escuadra del bloqueo de Buenos Ayres habían sido equipadas para esta expedición. Sin embargo, se observará, que ninguna de las embarcaciones en la acción eran de mayor tamaño o fuerza que un pequeño bergantín o corbeta —el vapor francés Fulton, que tuvo distinguida participación en la acción, es de tan solo 160 caballos de fuerza. Sin embargo, con esta insignificante fuerza, los valerosos oficiales de las escuadras inglesa y francesa, tendrán que conformarse en esta ocasión con dividirse los premios ya que ninguno de ellos pudo retener un tributo de admiración hacia su camarada—estos valerosos oficiales, con esta pequeña fuerza, atacaron nada menos que a cuatro baterías de tierra compuestas de 24 pesados cañones, que fueron servidas con gran coraje durante siete horas consecutivas; y en medio de esta pesada descarga lograron cortar una barrera laboriosamente diseñada para que cerrara el río, y flanqueados por barcos de fuego sobre el agua y por piezas de artillería y un ejército considerable en la ribera. Debemos atribuir su éxito, en primer lugar, al extraordinario coraje demostrado por todos los participantes en esta acción; pero los comandantes merecen el mayor crédito por el ingenio y la rapidez de sus modos de ataque, y, sobre todo, por la perfecta unión y buena fe mutua que evidentemente animó a cada hombre que combatió ese día bajo las banderas unidas de Inglaterra y Francia.

Esta acción es una nueva demostración (y hubo varias similares ocurridas en el curso de los compromisos en que se han visto involucradas nuestras fuerzas navales en los últimos años) de las ventajas a derivarse de la fuerza a vapor en operaciones fluviales, y de la necesidad de obtener la perfecta eficiencia en esa clase de operación. Casi todos los grandes ríos deben ser considerados como accesibles a un enemigo; y el modo de atacar y defender es uno de los temas más interesantes e importantes de la guerra moderna. Por cierto que en esta ocasión los capitanes Hope, Hotham y Trehouart demostraron eficazmente cómo atacar tales posiciones; y los ingenieros de Rosas no han descubierto aún, a pesar del coraje de sus hombres, cómo deben ser defendidos.

El despacho del Sr. Guizot, que publicamos en otra columna, demuestra la total unión de intenciones que ha gobernado a la conducta de los gobiernos francés e inglés a lo largo de esta transacción. Confiamos en que la podrán llevar a un rápido y ventajoso término, y que, sin más operaciones de naturaleza hostil, la pacificación del Río de la Plata, que durante tanto tiempo ha sido alterada por una sanguinaria y deplorable guerra, pueda ser efectivizada. Aunque lamentemos la ocasión de esta intervención y la necesidad que ha producido tan lamentable sacrificio de vidas humanas, no podemos más que celebrar la valentía desplegada por las fuerzas combinadas; y con seguridad las fuerzas navales de Inglaterra y Francia nunca han peleado con tan distinguido coraje que cuando se disputaban, lado a lado, cuál debía ganarse la mayor parte de los honores del día, y que cuando dirigían sus armas contra los enemigos comunes de la paz, la libertad y la civilización. Tal acción es el mejor comentario sobre la política conjunta y el buen entendimiento entre los dos países, ya que aun en la guerra no están divididos, y sus armas están gloriosamente combinadas en la defensa de los intereses y los derechos comunes.

The Times, jueves, 29 de enero de 1846
El Río de la Plata
Destrucción de las baterías de Rosas, en el Paraná
(La siguiente información apareció en parte en nuestra edición de ayer)
Plymouth, 27 de enero

Esta mañana, el vapor de Su Majestad, *Cyclops,* capitán Lapidge, llegó de Río de Janeiro, puerto que abandonó el 23 de diciembre. Trae alrededor de 6.000 libras esterlinas a cuenta del Brasil, y algunos diamantes.

El *Cyclops* trae abundante correspondencia, que llegó a tierra a las 10 a.m., como así la importante noticia de la destrucción de las baterías de Rosas en el Paraná, por la flota combinada de Inglaterra y Francia, en una acción del 19 de noviembre, causando grandes pérdidas en ambos bandos. Los bonaerenses dejaron 400 muertos en las baterías, y se supone que transportaron un número igual. De parte de la fuerza combinada, la mayor pérdida les tocó a los franceses.

(de *Brazil Courier,* 13 de diciembre)
Noticias de La Plata - Destrucción de las baterías de Rosas en el Paraná, por las fuerzas combinadas de Inglaterra y Francia.

Por el bando de los ingleses estaban los vapores Gorgon

y Firebrand, capitán Hope; la corbeta Comus, capitán Inglefield; los bergantines Philomel, capitán Sullivan; y Dolphin, capitán Leving; el bergantín Fanny, capitán Key, capitán Hotham, comandante en jefe, a bordo del Gorgon.

Por los franceses estaban el vapor Fulton, capitán Mazeres, la corbeta Expeditive, capitán De Muriac; el bergantín Procida, capitán de la Rivière. El capitán Trehouart fue comandante en jefe, a bordo del St. Martin.

El 18 de noviembre, las fuerzas combinadas anclaron a unas tres millas de Punta Obligado.

Al atardecer los capitanes de la Fulton y Philomel fueron en un bote a reconocer la posición de las fuerzas enemigas. Hallaron cuatro baterías establecidas en la margen derecha del río. Estas baterías montaban alrededor de 24 piezas de artillería, casi todas de pesado calibre, aparte de varias piezas de campaña. El río estaba clausurado por una barrera compuesta de 24 embarcaciones amarradas por tres fuertes cadenas. Esta barrera estaba situada entre la tercera y cuarta batería. En uno de los extremos en la margen derecha había diez barcos de fuego, listos para ser lanzados; en el otro extremo, sobre la margen izquierda, estaba amarrado el Republicano (el bergantín de Rosas), armado con muchas piezas de grueso calibre, destinado a tomar enfilados a los barcos atacantes, dos de estas baterías estaban casi a nivel del río, y dos otras en picos más o menos elevados. Por último, unos 4.000 hombres, infantería y caballería, estaban apostados como para proteger la costa y prevenir cualquier desembarco. Las instalaciones eran muy fuertes, y evidentemente bajo la dirección de ingenieros europeos, conocedores de las reglas del arte; y la tenacidad de la resistencia debe ser atribuida al hecho de que las baterías eran servidas por desertores extranjeros.

En la mañana del 20, en cuanto se aclaró la neblina, las fuerzas combinadas se formaron en tres divisiones para el ataque. La primera, bajo las órdenes del capitán Sullivan, y compuesta por la Philomel, la Expeditive, y las goletas Fanny y Procida, recibió orden de tomar posición hacia el sur, en la margen izquierda, algo más arriba de las baterías, a más de 700 metros de distancia, para tomarlos "en echarpe". Esta maniobra tuvo éxito y el fuego se inició de inmediato por ambas partes.

La segunda división, bajo el mando del capitán Trehouart, compuesta del St. Martin, la Comus, la Pandour y la Dolphin, tomó posición hacia el norte, cerca de la barrera, y frente a las baterías, y a la misma distancia de 700 metros.

Esta división no sólo tenía que atacar a las baterías, sino que también al Republicano, cuyo fuego le tomó enfilado, tal como se ha dicho. Lamentablemente, mientras el St. Martin anclaba, el viento fallando a las embarcaciones que le seguían, el bergantín estuvo por un corto tiempo expuesto solo al fuego de las baterías, y este fuego dirigido contra él se hizo con particular furia por ser reconocido como nave del escuadrón de Buenos Ayres capturado frente a Monte Video. Sin embargo, los esfuerzos generosos de la Dolphin por acercarse lograron en efecto asistir al St. Martin al usar su artillería y mediante la atracción hacia sí de una parte del fuego enemigo. El St. Martin ya tenía a sus dos únicos oficiales y a varios de su tripulación mal heridos. La Comus y la Pandour habían, para entonces, tomado posición tan cerca como lo permitía la ribera, como así la Fulton y la Procida, habiendo el capitán Trehouart instruido a ambos que así hicieran. La batalla procedió entonces con gran brío por ambas partes. Si bien el enemigo distribuía su fuego con bastante libertad contra toda oposición, su furia especial estaba dirigida contra el St. Martin a lo largo de la acción.

Este bergantín pronto tenía a 44 hombres puestos fuera de combate, dos piezas desmanteladas, su velamen destrozado, sus mástiles listos a caer, el palo mayor solamente habiendo recibido 11 balas. A pesar de todas estas desventajas continuó peleando vigorosamente, hasta que finalmente otra bala alcanzó su cadena, cosa que le obligó a abandonar su posición. Al mismo tiempo, una bala de la Dolphin provocó el incendio del Republicano, que a poco estalló. Entonces el enemigo lanzó los barcos de fuego, pero como fueron girados por la corriente, no tuvieron el efecto buscado.

La tercera división, bajo el mando del capitán Hotham, compuesta de la Gorgon y la Firebrand (la Fulton se había plegado a la segunda división), había aguardado en un puesto de observación a unos 1.500 metros de la batería más lejana, en ese momento lanzando proyectiles huecos en todas direcciones.

El capitán Hope, de la Firebrand, fue en su bote en medio del fuego para cortar las cadenas que unían a la barrera. Su valor fue coronado con el más total éxito. Una vez cortadas las cadenas, la fuerte corriente abrió la línea de embarcaciones que formaban la barrera, y la Fulton se apresuró a aprovechar el hecho para pasar y colocarse en una más arriba, como para cruzar su fuego con el de la primera división.

Fue en este instante que el capitán Trehouart, abandonando el St. Martin que estaba totalmente impedido de prestar servicio, abordó a la Gorgona para concertar con su par, el capitán Hotham. De ahí pasó a la Expeditive, e hizo señal de unión a la Pandour y Procida; y entonces ordenó a sus tres barcos que vararan a distancia de tiro de pistola de las baterías, contra las cuales se tiró una lluvia de munición. La corbeta Comus se acercó rápidamente para respaldar a tan intrépida maniobra. Al mismo tiempo, el capitán Hotham desembarcó, con gran astucia y vigor, a 325 soldados ingleses. Esta determinación de los dos comandantes, ejecutada con igual valentía y éxito, se impuso a la última resistencia del enemigo, y decidió el día.

El primer destacamento inglés, bajo el mando del capitán Sullivan, fue recibido al desembarcar con un fuerte fuego de mosquetería del enemigo apostado en un bosquecillo cercano, pero la llegada del resto de la tropa, bajo las órdenes del teniente Hindle, pronto puso en fuga al enemigo, a pesar de los intentos de su caballería que cargaban y sin cuartel mataban a la infantería inglesa.

El capitán Trehouart, que también había desembarcado con sus hombres, pronto se plegó a los ingleses, y tomó posesión de las baterías, punto en el cual el enemigo abandonó su resistencia.

En la mañana del 21 desembarcaron fuerzas adicionales, y completaron la destrucción de las baterías. Los carruajes fueron destrozados, y los cañones rotos o tirados al río. Sólo se preservaron diez cañones de bronce, que fueron puestos a bordo de la escuadra combinada. A lo largo del día las fuerzas aliadas permanecieron en tierra sin ser molestadas.

Fue durante lo más encarnizado de esta acción que el capitán Hotham escribió a su par, el capitán Trehouart, las palabras abajo citadas —palabras igualmente honorables tanto para el escritor como para quien iban dirigidas—. "Si el título de valientes alguna vez estuvo merecido, es por usted y sus tripulantes."

La acción contra las baterías se inició a las 10 a.m. y se prolongó hasta las 5 p.m., tiempo durante el cual se hizo fuego sin cesar. De 5 a 7 p.m. tuvo lugar el desembarco y la destrucción de las instalaciones.

Las pérdidas de las fuerzas combinadas son: franceses, 18 muertos y 70 heridos. Entre los muertos está Michaud, oficial del St. Martin. Entre los heridos, los oficiales son, Hello, del mismo barco, Vemeix, de la Pandour, Simonneau, Expeditive; y David, Fulton. Los ingleses perdieron 10 muertos y 25 heridos; y entre aquellos hay dos oficiales, el teniente Brickdale, Firebrand; y Andrews, Dolphin. La Fulton recibió 104 balas, la Dolphin, 107. El St. Martin estaba literalmente perforado. El capitán Trehouart quedó con solo un oficial a bordo y media tripulación *hors de combat*, es decir, 44 de 96.

Se desconocen las pérdidas del enemigo; los carros que se utilizaban continuamente para sacar a los muertos y heridos las muestran como de importancia. En dos baterías solamente se hallaron 400 muertos, 250 en una y 150 en otra. Correspondencia privada hacía notar que en la vegetación vecina había muchos muertos. La batalla de Obligado es tanto más honorable para los dos servicios por no ser barcos de línea y fragatas los utilizados, sino que bergantines, y embarcaciones aún más chicas, que avanzaron contra baterías bien servidas, bien montadas y bien defendidas con equipos e instalaciones preparadas con tres meses de anticipo, y que fueron combatidos con valentía durante siete horas consecutivas.

Esta victoria destrozará el prestigio que había favorecido a Rosas, y abrirá a las dos potencias intervinientes una gran labor de civilización.

La muy cordial comprensión que ha existido ininterrumpidamente entre los representantes civiles y jefes navales y militares de los aliados, la enérgica conducción de las escuadras, y la total unión y lealtad mutua con que se colaboró en esta instancia, son garantías ciertas de un pronto éxito final.

(de *Le Patriote Francais*)
Monte Video, 28 de noviembre de 1845

El 20 del actual las posiciones del enemigo en el Paraná fueron atacadas por las fuerzas anglofrancesas. La resistencia fue obstinada. El combate duró desde las 10 horas hasta las 7 p.m.; cuando habían sido tomadas todas las baterías, y el enemigo destrozado con pérdidas considerables.

Al ser ocupadas las baterías fueron hallados 250 muertos en uno, y 160 en otro, todos ellos negros. Se capturaron 22 piezas de artillería. Cuando la infantería del enemigo comenzó a retroceder su propia caballería cargó contra ella para obligarla a reanudar el combate. Es así como luchan los voluntarios de Rosas.

Las bajas de las fuerzas combinadas son, de parte de los franceses, 18 muertos y 70 heridos. Entre los muertos está Michaud, teniente segundo del St. Martin, y entre los heridos están el teniente Hello, del mismo barco; Vernex, de la Pandour, Simonneau, de la Expeditive y Dariel, de la Fulton.

Los ingleses tuvieron 10 muertos y 25 heridos; entre aquellos el teniente Brickdale, de la Firebrand; y Mr. Andrews, de la Dolphin.

La Dolphin recibió 107 balas y la Fulton 104. El St. Martin estaba totalmente averiado.

Los franceses dispararon alrededor de 1.500 balas de cañón. Varios de los cañones enemigos fueron desmontados en el momento del desembarco, que terminó con el combate.

Hemos sabido de una fuente auténtica los siguientes detalles, que nos coloca en conocimiento de los resultados obtenidos:

El 18 del actual las fuerzas combinadas anclaron a unas tres millas de la Punta de Obligado. Al amanecer del 19, la posición del enemigo fue reconocida y ambos comandantes estaban convencidos de que la posición y la construcción de las baterías demostraban gran eficiencia militar. Había cuatro baterías, dos a una altura de 60 pies por encima del nivel del río y dos en terreno bajo. Estas tenían 22 cañones, de 32, 28, 24, 18 y 12 libras, protegidas por fuertes instalaciones de argamasa; una línea de 24 embarcaciones, unidas por tres cadenas, cerraba la entrada al canal del río, que en este lugar tiene 800 yardas de ancho; en un extremo de esta línea fueron colocados diez barcos de fuego, y en el otro extremo se estacionó un bergantín de seis cañones.

Según informaciones de todas fuentes, había unos 3.000 hombres de todas las armas para defender esta posición.

Habiéndose decidido el plan de ataque, las divisiones tomaron posición de la siguiente manera: al norte, bajo el mando del capitán Trehouart; la corbeta Comus, comandante Inglefield; la Pandour, al mando del teniente Du Parc; y la Dolphin, teniente Leving. La segunda división al mando del capitán Sullivan; la corbeta Expeditive, teniente Miniac; el bergantín Fanny, teniente Key; y el bergantín Procida, teniente Marriere de la Rivière.

Estas divisiones debían anclar a norte y sur, a una distancia de 700 yardas; mientras que los vapores Gorgon, capitán Hotham (comandante); Fulton, capitán Mazeres; y

Firebrand, capitán Hope, anclaron a 1.500 yardas de la batería más distante.

En la mañana del 20 había bruma, pero despejó hacia la hora 8, con una brisa fresca del sur; a los 43 minutos después de la hora 8 la división sur levó ancla, y a poco fue seguida por el St. Martin, Comus, Dolphin y Pandour. La corriente corría a razón de tres millas por hora.

A los 50 minutos, después de la hora 9 las baterías abrieron fuego contra la Philomel y el resto de la división sur. La del norte no perdió tiempo en tomar posición; el viento amainó en el momento en que el cañoneo se generalizó y algunas embarcaciones estuvieron obligadas a anclar a dos cables más allá de las posiciones asignadas.

A las 10 y media la acción se hizo general y si bien podemos percibir, por el efecto del fuego de los cañones de la escuadra, que el fuego de las baterías era irregular, aun así la resistencia fue obstinada; las posiciones de los artilleros que alcanzaban el fuego de los barcos eran inmediatamente relevadas; y, debe decirse, que la caballería enemiga emboscada en un monte, masacraba sin piedad a la infantería que intentaba fugar. A las 12 y media el bergantín enemigo Republicano estalló a raíz de ser alcanzado por un cohete de la Dolphin. Los barcos de fuego no tuvieron efecto a raíz de la corriente. En ese momento el capitán Hope, de la Firebrand, se embarcó para cortar las cadenas; y el éxito coronó sus esfuerzos, y abrió un pasaje, por el que pasó la Fulton a la hora 1, tomando a las baterías enemigas por el flanco; le siguieron rápidamente la Gorgon y la Firebrand.

Un instante antes de la maniobra el fuego de la costa había dañado desastrosamente al St. Martin y a la Dolphin. Parece que el enemigo se concentró en el primero de estos barcos, que, habiendo sido cortado su cable, derivó con el viento y recibió algo como 100 balas. La Expeditive y la Comus llegaron en apoyo de los barcos en el flanco, y se apostaron al alcance de fuego de mosquete de las baterías.

El fuego enemigo ya había declinado y para la hora 4 de la tarde tan solo disparaban irregularmente. A esta hora el comandante inglés dio orden de ir a los botes, que debían unirse junto a la Gorgon y la Firebrand. El comandante francés, al mismo tiempo, dio orden de apoyar valerosamente al desembarco. A las 6 menos cuarto el capitán Hotham desembarcó con 325 hombres, infantes y marinos; un destacamento al mando del capitán Sullivan fue recibido en la cima del barranco con un fuerte fuego de mosquetes, pero el arribo del resto de la fuerza al mando del capitán Hotham obligó al enemigo a retirarse, al mismo tiempo el comandante francés hizo su desembarco y tomó las tres primeras baterías, cuya destrucción de inmediato ordenó. A la mañana siguiente se desembarcaron fuerzas de relevo y se completó la total demolición de las posiciones enemigas. Diez piezas de cañón de bronce fueron embarcadas, y el resto tiradas al río.

Juzgado por el número de muertos hallados en las baterías, así como el de carros usados todo el día para transportar a los heridos del lugar de la acción, las bajas enemigas han sido computadas en 400 hombres. El 21 las fuerzas combinadas permanecieron en tierra sin acoso del enemigo.

Se nos asegura que el capitán Hotham no halla los términos suficientemente fuertes para halagar a su colega francés, el capitán Trehouart, a quien dirigió las siguientes palabras: "Si existen hombres que merecen el nombre de bravos, son usted y sus tripulaciones".

James Ptolemy Thurburn
[1847]

En 1838, James Ptolemy Thurburn, oficial de la armada real británica, comenzó a llevar un diario de sus viajes que, según sus apuntes, no había comenzado antes porque sus compañeros de abordo se mofaban de él ante la sola mención del proyecto.

Nacido en 1816, en Aberdeen, Escocia, su carrera en el mar se inició en junio de 1831, a bordo del *H.M.S. Rattlesnake*, de 28 cañones. En ese momento, la armada había sido reducida drásticamente luego de los recortes de presupuesto que siguieron a la finalización de las guerras napoleónicas. Lograr el ingreso a la armada en esas condiciones requería influencia familiar o muy buenas condiciones personales.

Era costumbre en esos tiempos que los hombres ingresaran a la marina a los doce o trece años, y podían llegar a suboficial a los diecisiete o dieciocho años. La paga de un capitán de corbeta era de unas catorce libras esterlinas por mes (comparado con una libra y media para un voluntario de primera clase, que era el adolescente de trece años), o tres libras para un contramaestre. La comida de abordo era aburrida, consistiendo de carne vacuna o porcina salada, arvejas secas, y galleta rancia. La ración de ron diaria era considerable.

El contacto de Thurburn con Sudamérica comenzó hacia fines de 1831, cuando hizo su primer viaje al Atlántico sur. A Montevideo y Buenos Aires llegó por primera vez en 1832. Su impresión inicial de Buenos Aires era de un lugar sumamente sucio y deteriorado. Pero en el Hotel de Faunch (sobre lo que es hoy la calle 25 de Mayo) halló una excelente cocina que mejoró su opinión de la ciudad de inmediato.

En 1847 recibió el comando del bergantín *Griffon*, y con el mismo, hizo cinco viajes al Río de la Plata. La función de las unidades de la armada real en ese tiempo en el Atlántico sur era combatir la trata de esclavos. Este tráfico humano había sido abolido formalmente hacía poco tiempo, pero seguía en forma clandestina y la "carga" era embarcada en la costa oeste de Africa y vendida en el Brasil.

En esa función Thurburn llegó a Buenos Aires en tiempos del gobernador don Juan Manuel de Rosas y en estas latitudes conoció a su futura esposa.

Los apuntes aquí extractados son interesantes porque fueron escritos para consumo personal, quizás con intención, algún día, de redactar sus memorias. A diferencia de otros textos aquí incluidos el diario de viaje no era para ningún público y por lo tanto parece espontáneo en su contenido y sentimiento. En sus observaciones se halla una Manuelita Rosas que coquetea y se divierte con sus invitados extranjeros, y un gobernador serio y distante. Lo importante también de esta crónica es la amabilidad que reflejan, la "sociabilidad" que muestran los personajes cuando, debe recordarse, los gobiernos de ambas partes estaban en la culminación de un prolongado conflicto.

A partir del capitán Thurburn la familia mantuvo su contacto con el Río de la Plata. El capitán fue padre de Robert Augustus Thurburn (1850-1929) que llegó a ser gerente general de la sucursal Buenos Aires del Banco de Londres y América del Sud (luego Lloyds Bank) durante diecisiete años. En ese período la institución era conocida como "el Banco de Thurburn" por la influencia que alcanzó su jefe en la colectividad británica y comercial de Buenos Aires. Algunos de sus descendientes siguieron viviendo en la República Argentina.

La copia del diario de viaje fue prestada, para su uso en esta edición, por la Señora Lavender Macmillan, familiar del oficial naval, residente en Golders Green, Londres, Inglaterra.

A bordo del bergantín de Su Majestad, Griffon

En 1847 el Griffon zarpó cinco veces con correo para Monte Video y Buenos Ayres y regresó a Río. En el primer crucero se encontró con severas ráfagas de viento que casi hicieron capotar la nave. No entraré todavía en detalles acerca de los asuntos del país, porque se necesita un abogado de Filadelfia para entenderlos.

En el cuarto viaje descargó correo en Buenos Ayres el 1° de octubre de 1847.

Al pasar revista al estado de la política en el Río de la Plata, considero que Inglaterra es muy culpable por el rol que ha desempeñado; en primer lugar por amenazar con aplicar la fuerza para hacer cumplir sus exigencias y luego retirarse de la guerra de una manera nada honorable. La parte considerablemente culpable está constituida por los comerciantes de Monte Video quienes fueron llevados por lord Aberdeen a imaginar que Rosas se retiraría de la Banda Oriental, no siendo así, sin embargo, porque es un gran error imaginar que a estos países les preocupa un bloqueo.

Tienen en su interior sus propios recursos completos, lo que está ahora bien ilustrado por un bloqueo de ocho años. Si no fuera por esto sería el mejor país del mundo; y después de todo, ¿quiénes son los que sufren?, nuestros propios compatriotas y todos los extranjeros que residen en él. Mientras se respeten las vidas y propiedades de nuestros compatriotas, qué tenemos que meternos con su gobierno interior; el mismo país por el cual hemos estado peleando, es decir Paraguay, parece ser muy pobre y desgraciado y si se nos abriera el paso nos ofrecería pocas posibilidades de comercio o ninguna. Mi propia opinión, entonces, se resume así: o enviar una fuerza que tome posesión de la Banda Oriental, lo que podría ser realizado por 6.000 u 8.000 hombres y unos cuantos vapores o dejar de tener que ver con la empresa. Nuestra única dificultad en el primer plan sería que Francia no estaría de acuerdo.

Mr. Costello (un antiguo residente de este país y el Paraguay) confirma por completo la descripción hecha por Mr. Robertson* de un Reino del Terror, que parece mantener el presidente actual, López; el gobierno monopoliza la venta de todo producto, excepto el tabaco y a ningún comerciante se le permite exportar por un valor mayor que sus importaciones. Hay tantos impedimentos y obstáculos para el comercio, que es un asunto que está lejos de ser productivo, particularmente ahora que su principal artículo de primera necesidad, la Yerba, se está usando menos; vender una carga de un barco de doscientas toneladas llevaría tres años. Apenas si hay dinero en la provincia. Mr. Robertson fue muy afortunado al principio de su carrera de establecer una relación de intimidad con el dictador

* Se refiere a los hermanos Parish Robertson, autores de: *Letters on Paraguay, comprising an account of four years' residence in that Republic, under the government of the Dictator Francia*, Londres, 1838.

Francia, y obtener el permiso para importar varias cargas con las cuales hizo dinero muy rápidamente, pero hoy miran con sospecha a todos los extranjeros. Si usted hace preguntas sobre el interior del país, que es muy poco conocido, lo consideran un individuo sospechoso.

Como resultado de la tiranía y la falta de educación, la moral de la gente está muy relajada y debido al uso promiscuo del mate, quedan pocas familias no afectadas por la sífilis.

Si el gobierno no hubiera ordenado que cada hombre cultivara una cierta porción de tierra, para ahora ya hubieran muerto de hambre. A un hombre de recursos le dijeron que la gente que lo rodeaba estaba muriendo de hambre y generosamente donó dieciséis novillos para que se alimentaran. De inmediato se lo consideró sospechoso y se lo expulsó del país.

¡Tal es el estado de Paraguay y tan distinto de cómo lo pintan muchos!

Buenos Ayres: 2 de octubre. Tuve suerte de llegar a tiempo para un baile que el ministro americano Mr. Harris le ofreció a Manuelita Rosas. Fue una fiesta muy agradable y me sentí más particularmente complacido en la oportunidad por ver a todos los parientes del gobernador. Bailé una cuadrilla con Manuelita y un vals con la señora Mancilla, una hermana menor de Rosas y seguramente la dama más bonita que haya visto en este país. No recuerdo haber conocido a nadie con tan buena expresión en su rostro y a pesar de cierta tendencia a la robustez, tan ligera para valsear como la más joven. Rosas no hizo acto de presencia, pero se pensaba que vendría porque a veces se le meten estas rarezas en la cabeza. Yo le dije a la hija que todavía no había visto a su distinguido padre y que estaba ansioso de ver a alguien de quien se hablaba tan bien. La danza se prolongó con muy buen ánimo y eran las cinco de la mañana a la luz del día antes de que me encontrara en mi alojamiento. Es de esperar que en su próxima fiesta Mr. Harris no sirva bebidas tan execrables.

4 de octubre. Fui a caballo hasta la quinta del gobernador a visitar a Manuelita Rosas. Fui acompañado por el capellán inglés de Buenos Aires, nuestro médico y Mr. Hughes. Tuve una amable acogida y caminamos por los jardines durante casi tres horas con Manuelita del brazo. Se mostró muy afable y si lo que decía no era lo que sentía, ciertamente es la más hábil hipócrita del mundo. Nadie que la conozca la considera culpable de las horribles acciones que se le atribuyen.

La quinta es muy baja y tan próxima al río que se vuelve muy húmeda; pero Rosas no es como otros hombres y se enorgullece de superar las dificultades. Al cabo del tiempo, no dudo que será un lugar muy lindo.

Hace algún tiempo, un buque de doscientas toneladas fue arrojado por una tormenta de mar sobre la propiedad. Rosas lo compró, lo hizo enderezar, pintar y acondicionar por dentro como salón de baile. Manuelita nos llevó a ver esta curiosidad y se mostró muy simpática y deseosa de bailar, pero infortunadamente no había música. Hizo bromas al sacerdote y lo designó capellán del buque. Al verlo entrar en una de las cabinas me dijo: "Encerrémoslo bajo llave", pero el clérigo entendía bastante castellano y se escapó.

Aparecieron algunas señoras nativas y Manuelita se mostró muy distante y estirada con ellas. A mí me llevó aparte hasta un árbol de limones dulces y, cortando un limón, me rogó que se lo llevara de regalo al Comodoro, con saludos de su parte. Después de pasearnos por la casa nos hizo pasar frente a la ventana de la oficina del gobernador y, dejando caer mi brazo, miró hacia dentro para ver si él estaba. Encontró que estaba, se volvió y se rió de mí, algo que entendí perfectamente, y entonces acerqué la cabeza a la ventana donde vi a este hombre extraordinario sentado a una mesa firmando documentos. El me vio mirarlo y pareció algo complacido. Después de eso pasamos frente a la habitación de Manuelita y estábamos a punto de entrar siguiéndola, cuando descubrimos nuestra equivocación. Ella salió inmediatamente y nos obsequió con un limón dulce a cada uno. Ahora volvimos a la sala de música y Juanita Souza, la inseparable compañera de Manuelita, nos ofreció algo de música. Antes de salir se sirvió oporto y cerveza y después de nuestro paseo tomamos una copa de un punch excelente.

Nos levantamos para irnos y ella nos pidió que nos quedáramos a cenar, pero declinamos la invitación porque Hughes, el más versado de nosotros en español, no podía quedarse. Nos hizo quedar, sin embargo, hasta habernos dado un ramo de flores a cada uno y expresó el deseo de que yo volviera antes de irme y que de estar cansado mañana, después de volver de campamento, viniese a descansar un rato. Pobre Manuelita, no pude evitar sentirme interesado y compadecerla por su destino de tener que ocupar un lugar que necesitaría un hombre de poco sentimiento. Pude ver que tenía una pesada preocupación en su mente.

5 de octubre. Esta mañana temprano partí con un grupo de ocho para el campamento, acompañado por el teniente y un conscripto que don Pedro Ximeno (capitán del puerto) mandó para que nos guiara, con una carta de recomendación para el oficial comandante.

El campamento está a, más o menos, tres leguas del pueblo y tiene en general, cuatro o cinco mil hombres, indios la mayoría, que parecen muy adictos a Rosas, y cuyos servicios requeriría en seguida si hubiera cualquier disturbio en el pueblo. Rosas es el único que pudo conquistarlos y por sus arriesgadas hazañas ecuestres, lo consideran su jefe. Una de sus acciones más osadas fue sentarse en la tranquera de un corral donde se había encerrado un número de caballos salvajes y, cuando se los dejó salir, dejarse caer sobre el lomo de uno de los más bravos y domarlo. Pocos de los indios eran capaces de hacer eso.

El mayor Reys nos recibió amablemente y nos llevó a la tienda del Cacique (o jefe nativo) donde se realizó una entrevista muy divertida. El viejo Cacique puso una cara muy seria y durante la entrevista quiso saber qué nos había llevado al campamento, si habíamos ido como espías a descubrir su forma de hacer la guerra, o como amigos del gobernador a hacer una visita. Yo contesté que habíamos ido como amigos del gobernador y que ansiábamos verlos usar la lanza, habiendo oído hablar tanto de sus hazañas. Esto pareció satisfacerlo y, después de estrecharnos las manos, una cantidad de ellos montó e hizo un despliegue de destreza en el uso de una lanza de dieciocho o veinte pies de largo. Se enviaron directivas en varias direcciones y pronto llegaron escuadrones de salvajes lanzando su grito de guerra. Después de ejecutar algunas evoluciones, nos dirigimos a un corral de caballos salvajes; vimos cómo enlazaban dos, los ensillaban y montaron. Apenas logro imaginarme cómo se mantenían los hombres, pero pronto dejaban exhausto al animal —que me pregunto cómo soportaba ese mal trato— con el lazo que le arrancaba el cuero de las patas y una rienda de cuerda dura que le apretaba al máximo bajo la quijada, lo suficiente para arrancarle la cabeza torciéndosela. Mientras montan, un hombre sujeta al caballo de una oreja y parece tener gran control sobre él.

Estos indios se alimentan con carne de yegua y generalmente cavan un hoyo alrededor del animal antes de sacrificarlo para recoger la sangre. Luego se agachan y la beben, cuando se sienten sanguinarios. Nos despedimos como muy buenos amigos; volvimos al cuartel del mayor y esperamos la cena con mucha paciencia. Yo pocas veces tuve más hambre y evitaré volver a desayunar con un clérigo, que no nos dio nada de comer. Sin embargo, llegó la cena, y suponiendo que sería muy sencilla, devoré los dos primeros platos. Cuál sería nuestro horror al descubrir que nos servían plato tras plato y nos veíamos obligados a participar de todos. No había escasez de bebidas, tampoco, y después de la cena tuve que agradecer a nuestro anfitrión y beber a su salud. Este brindis fue seguido de otro a la salud del gobernador y luego a la de Manuelita; y a esta última brindamos tres veces. Nos ganamos el corazón del mayor, que nos acompañó más de la mitad del camino de regreso al pueblo.

Durante la cena afuera tocaba la banda, que consistía en unos veinte mozos. Es extraño, pero no hace más que unos meses que se trajeron los instrumentos y les dijeron a los muchachos que cada uno eligiera el que más les gustara.

7 de octubre. Salí a caballo hoy para hacerle una visita a Manuelita y agradecerle las importantes atenciones que habíamos recibido de ella y de los demás. Desde nuestra llegada han habido baile y comidas permanentemente y esta noche otra vez, tanto que me alegraré de hacerme a la mar o si no reventaré. Generalmente tengo dos invitaciones a cenar y siempre hay un caballo de un amigo a mi disposición.

8 de octubre. Partimos hoy y lamento irme.

9 de octubre. Llegamos a Monte Video y zarpamos el 12.

15 de octubre. Mi cumpleaños hoy, pero desgraciadamente el tiempo no me permite festejarlo. Evidentemente algo se prepara por el aspecto del cielo y la caída del barómetro.

17 de octubre. Anoche nos sorprendió una de las tormentas más fuertes que haya visto en estas costas. Por suerte estaba preparado pues había hecho cubrir el barco con lonas muy ajustadas; sin embargo, tuvimos un golpe fuerte, nos desfondó en el malecón y sufrimos daños considerables. Un hombre fue arrastrado al mar pero consiguió volver a subir en el siguiente movimiento del barco.

Después de dieciocho horas, aprovechamos la calma y aguantamos la noche. ¡Qué sensación distinta a la de nuestra situación anterior!

21 de noviembre. Río de Janeiro. El nuevo comodoro americano llegó de Estados Unidos en la fragata Brandywine, lo que refuerza sus armas considerablemente, pues tienen la línea Ohio de barcos de guerra y el bergantín Perry. El Ohio tiene instalados 86 cañones, pero podrían llegar a cien. La fragata tiene capacidad para sesenta cañones pero sólo coloca cincuenta; el Perry, ocho. El Ohio parece estar en condiciones tolerables, y también el Perry, pero el Brandywine es cualquier cosa, menos recomendable. Les faltan hombres y llaman a muchos de los nuestros a que deserten, por lo menos del Eagle; por suerte no se han llevado a ninguno de los nuestros.

8 de diciembre. En camino de regreso a Monte Video, cerca de Flores, observé un fenómeno singular. Todo el cordaje estaba cubierto de algo como telarañas, largas y finas, y al examinarlas tienen un aspecto sedoso. (La atmósfera a esta hora estaba muy clara y el barómetro bajo como antes de una tormenta.) Los nativos de abordo dicen que son las briznas de pelo que deja el ganado cuando se frota en los árboles, pero yo imagino que esto es una especie de lanilla. Todo el mundo anda con el cabello, la barba y las patillas cubiertas de eso.

18 de diciembre. Buenos Aires. Los comerciantes británicos por intermedio de su presidente Mr. Patrick Maclean, me dirigieron una carta solicitando que extendiera el período antes de zarpar hasta el 21, pues era de gran importancia que yo tomara conocimiento del cierre del Puerto. Yo acepté el pedido con alegría, porque el 14 me había declarado a la hermosa Margaret White y estaba en estado de duda e incertidumbre en cuanto a mi éxito. Alguna gente se declara en un salón de baile, una sala o mientras pasean; pero en mi caso se prestó hacerlo en el campo mientras iba a caballo, y por cierto fue encantador. Margaret, como toda joven correcta, me mantuvo en la duda al principio, pero a medida que se acababa el tiempo, encontré un nuevo impulso para decidir el asunto, y ahora soy un hombre feliz.

Hay pocos lugares —y ahora diré ninguno— que posean el encanto de Buenos Aires, y la chacra de Mr. White, en las deliciosas noches de luna de este país, es un paraíso perfecto.

19 de diciembre. Esta tarde en la chacra, Ramón Arrida y yo dimos caza a un animal que conseguimos matar pensando que era una comadreja. La llevé a la casa y pronto produje un clamor en las damas porque resultó ser un zorrino, cuyo olor es cualquier cosa excepto agradable y permanece durante días.

21 de diciembre. Mi último día en Buenos Aires. Esta mañana a las diez tuvimos una larga consulta en la chacra con la señora White y Margaret, y por fin llegamos a la conclusión de que, como no había probabilidad de que yo volviera, sería mucho mejor que nos casáramos y luego ella podía seguirme. No había tiempo que perder, así que de un galope fui a encontrarme con el señor White; le informé de mi decisión y le rogué que hiciera que el Dr. Brown, de la Iglesia Escocesa, realizara la ceremonia.

Se sorprendió mucho, pero yo le expliqué que no tenía remedio y lo insté a no perder tiempo. En consecuencia se puso en actividad y afortunadamente, yo me encontré con el Dr. Brown y lo impuse de la situación. Me felicitó y yo me apresuré a volver a casa. Se envió el carruaje a la familia y a las tres, todos nos encontramos en la casa de la ciudad. Durante el intervalo estuve muy atareado con la carga, los pasajeros, etc., y no tuve un momento libre, ni siquiera para preguntar qué debía hacer; no había estado en una boda en veinte años. Por desgracia, yo ya había enviado mi baúl y sólo tenía un saco viejo en qué aparecer. Mi novia lucía preciosa y estaba muy bien arreglada, considerando el corto plazo.

Todo salió bien y en el *"déjeuner"* brindé por todo el mundo y dije discursos. ¡Ay! mi felicidad duró poco porque a las cinco y media (de la mañana) me informaron que era hora de partir y me vi obligado a ir lejos de Margarita, deseando que mis obligaciones se fueran al demonio. Al subir a bordo, me saludó todo el personal, y hasta algunos pasajeros; pero yo apenas pude mostrarme educado.

23 de diciembre. Llegué a Monte Video y el comodoro me amonestó por haberme dejado detener. Intenté justificar mi proceder pero esto empeoró las cosas. Sin embargo, cuando le escribí al secretario al día siguiente para informar, recibí una amable respuesta del comodoro, expresándome que estaba satisfecho y me tranquilizó. Después el buen comodoro prometió dejarme volver al Río de la Plata después de mi primer viaje contra los barcos negreros.

libre comercio al ser el único polo económico que lo podía practicar, debido al poder industrial de los principales centros manufactureros ingleses y la inacabable fuente de materias primas y mercados que se hallaban en las colonias. Al iniciarse el bloqueo de Buenos Aires la acción naval reflejaba el afán londinense por la expansión mercantil y la total incomprensión ante el hecho de que una disputa entre dos gobiernos sudamericanos pudiera cerrar el paso a la mercadería británica.

Como ya lo ha demostrado la historia en innumerables ocasiones, no hubo vencedor en tan prolongado conflicto: las victorias tienden a parecer cada vez más nebulosas a medida que se alarga un entredicho. La longitud del conflicto fue lo que históricamente salvó a Buenos Aires, y a Rosas, de una humillación militar. En cuanto a resultados económicos, el bloqueo tendió a ser causa del mejoramiento de la industria local al ser restringidas las importaciones. Para Francia, el bloqueo fue un incidente menor que prefirió olvidar. Gran Bretaña, con su tradicional capacidad de traducir un desastre en acción vestida de gloria mediante la reinterpretación de la derrota, pudo celebrar la caída de Rosas como una victoria algo demorada.

A pesar de la enemistad entre naciones, es interesante notar, antes de pasar a los informes de Southern, la contradicción entre impresiones parciales, personales, expresadas por una variedad de personas acerca del régimen de Rosas durante el bloqueo. El mismo Southern, quien debió tratar con el gobernador en circunstancias que estaban lejos de ser las óptimas, escribiría a lord Palmerston el 10 de enero de 1851, "No es fácil juzgar ligeramente los motivos de un hombre que ha descubierto la forma de gobernar a uno de los pueblos más turbulentos y más inquietos del mundo y con tal éxito que, si bien hay mucho lugar para la protesta y bastante para el descontento, aun así la muerte del general Rosas sería considerada por todo hombre de este país como el infortunio más directo. Por cierto que sería el inicio de un desorden intestino que reduciría al país a la miseria."

Aparte de esta opinión las observaciones son en general disímiles. Una de las visiones más favorables provino del viajero y comerciante William Mac Cann, autor de un libro considerado clásico en su género, *Viaje a caballo por las provincias argentinas* (Solar/Hachette, Buenos Aires 1969). La intención de escribir un informe sobre la situación de la colectividad británica residente durante el bloqueo la anunció en una extensa carta en *The British Packet and Argentina News*, publicada el 12 de junio de 1847. Señal de que su opinión era favorable a Rosas (y si no lo hubiera sido el *Packet*, semanario en inglés que respaldaba vehementemente a Rosas, no lo hubiera publicado) es que la carta fue traducida y reproducida en *La Gaceta Mercantil* del 15 de junio de ese año, y el 11 de septiembre en el *Archivo Americano*.

El teniente Lachlan Bellingham Mackinnon, autor de *La escuadra anglofrancesa en el Paraná, 1846* (Hachette, 1957), desde a bordo del barco *Alecto* vio un país que lo emocionó y con el que quedó encantado.

En cambio *The Times* refunfuñaba con frecuencia contra Rosas y contra su aliado, el general Oribe, por las atrocidades que le atribuía. El martes 29 de diciembre de 1846, *The Times* había informado acerca del "asesinato masivo de la familia Kidd, cerca de Buenos Ayres, en el comienzo de las negociaciones de Mr. Ouseley en julio de 1845, excede en atrocidad únicamente al perpetrado por los soldados de Oribe..." Uno de estos incidentes aparecía en la edición del mismo día, fechado en Montevideo el 10 de octubre. "Un italiano, capturado, herido en Tres Cruces (cerca de Montevideo) por Don Jorge Carreras, fue arrastrado por el caballo de este, fue degollado, sus piernas y brazos fueron amputados, fue castrado y cuereado, se le extrajo su corazón que fue asado y comido."

Sin embargo, el final negociado del bloqueo atrajo poca atención en Inglaterra y Francia. Las revoluciones en casi toda Europa que dejarían marcado al año 1848 como un mojón histórico ocuparon durante mucho tiempo todo espacio disponible en la prensa. Y no sería hasta 1852 que el Río de la Plata ocuparía la atención y la ira, de la sociedad política y comercial británica.

Privado
Copia

Buenos Ayres, 13 de diciembre de 1849

Estimado lord Palmerston,

Hace ya tres semanas desde la firma de la Convención superando las diferencias que habían surgido entre los dos países. Esperaba ser recibido en audiencia inmediatamente después como una cuestión de rutina ya que en todas las referencias a tal paso esto siempre fue estipulado durante el arreglo del malentendido. Pues bien, como aquí nunca nada es seguro y la forma del general Rosas de tratar toda cuestión que le llega es tanto original como caprichosa, consideré aconsejable, antes de hacer presentación oficial alguna al respecto, preguntarle privadamente cuándo fijaría una fecha para mi audiencia. Luego de cierta demora (la única vez que ha habido demora en caso similar) obtuve una entrevista el día 10 último, lunes, que como es costumbre duró casi toda la noche.

Le había anunciado a él que los dos temas que deseaba

tratar eran el día de mi audiencia oficial y la declaración del general Oribe respetando el bienestar y la seguridad de la vida y propiedad en caso de entrar en Monte Video por los medios de guerra u otros.

Al iniciar el tema de mi audiencia, que hice al informar al gobernador que venía con el encargo de Su Señoría de expresar la satisfacción del gobierno de la Reina por el restablecimiento de las relaciones amistosas entre los dos gobiernos y que deseaba aprovechar la ocasión de mi audiencia pública para manifestar esto, luego de largo rato de algo obscura fraseología, dijo que la época que consideraba apropiada para mi recepción sería después de la ratificación de la Convención, y cuando nosotros hubiéramos conformado con sus estipulaciones. Confieso que no pude escuchar esta declaración de sus intenciones sobre el tema sin sorpresa e indignación. Sin embargo, controlé mi humor y combatí la posición asumida por él con razonamiento tan claro y tan fuerte que hubiera, pienso, movido la convicción de cualquier hombre guiado por la razón.

Le demostré primero que estaba actuando de mala fe, ya que en toda nuestra correspondencia con relación a mi audiencia siempre se había referido a la época del *arreglo* de las diferencias existentes, a la firma de un acta pública de paz y amistad, etcétera, etcétera, y ahora que había obtenido la Convención, había vuelto al tema de la devolución de la escuadra, que sabía que estábamos dispuestos a devolver, y que hubiéramos de devolver sin tratado alguno, si él no hubiera insistido en que se hiciera un tratado. Le dije que me parecía que se refería ahora a la devolución de la escuadra como la época de la cuestión, dado que sabía que debido al estado en que se encontraba esto tardaría un tiempo en lograrse. Le aseguré que la información de que nuevamente se negaba a recibirme sería recibida con sorpresa y desagrado por el gobierno británico y que no podía dejar de hacerle notar que su manera constituía una respuesta desagradecida a la conducta amistosa y a la consideración que le había mostrado Su Señoría al concluirse el tratado. Le demostré que el negarse a recibir a un agente diplomático que acababa de firmar un tratado con su gobierno era absurdo e inconsistente, que era además contrario a todo precedente y ejemplo; que era la *firma* de un pacto solemne lo que hacía la paz y restablecía la amistad no la ejecución de ciertos artículos; que cuando entraban en él solemnemente una Soberana y una Nación debía hacerse efectivo; que ya se consideraba como logrado; y que los detalles de su acción pasaban al dominio de los negocios corrientes y a las relaciones generales; que los tratados se fundamentaban únicamente sobre la buena fe mutua que, si existía, no debía dar lugar a dudas acerca de si se llevaría a cabo lo pactado, porque si así sucediera toda la operación sería una farsa.

Le cité varios ejemplos reales y le expliqué lo que consideraba ser sus ideas exageradas en torno a una recepción oficial, como también las ideas erróneas que parecía sostener respecto a la *ratificación*. También le hice entender que si yo deseaba una audiencia de inmediato era más para su bien que para el nuestro. Bien sabía él que los negocios existentes actualmente eran atendidos con mucha mayor eficacia y rapidez que en cualquier momento anterior cuando se hallaban taponados por formas oficiales; pero su constante negativa a una audiencia oficial, que todos esperaban, y especialmente el gobierno británico, sería un severo golpe para su imagen y preferencia para las formas directas y la buena fe y que esto no podía dejar de alienar a su mejor, y único, amigo poderoso.

Esto no es una décima de los argumentos que introduje para lograr algún cambio en la actitud que él proponía adoptar en el asunto. Por otra parte nunca hallé al general Rosas tan pobre de argumentos, o teniendo un modo tan poco fuerte o plausible para lograr que se vea desde su ángulo la cuestión. Su defensa consistía principalmente en declaraciones acerca de cómo verían sus compatriotas la recepción del ministro británico mientras que la escuadra argentina permanecía detenida por los ingleses; que él dependía totalmente de la opinión pública para su poder, y que todos exclamarían al saber que yo había sido recibido: ¿por qué no devuelven la escuadra? ¿Por qué la Bandera Argentina no recibe el saludo de 21 cañonazos? ¿Por qué los argentinos van a darse por satisfechos antes que se les dé la debida satisfacción? ¿Van a devolver la escuadra? Me dijo, ¿qué pasos está dando para reintegrarnos nuestros barcos? ¿No le ha enviado órdenes su gobierno de cumplir con las obligaciones del tratado además de firmarlo? Por qué es aquí y no allá, donde se debe cumplir con el tratado. En cuanto a la ratificación del tratado por su gobierno ¿no ha recibido usted también los poderes para ratificarlo en el instante de firmarlo? He releído la traducción de su poder, le da autoridad para actuar en todo lo relacionado con el tratado, etc. Y con relación a esta ratificación, me informó que consideraba al tratado como ratificado en esencia por Inglaterra, y si bien de acuerdo con la letra del tratado, el gobierno argentino no estaba obligado a ratificarlo antes que lo hubiera hecho el gobierno inglés, tenía intención inmediata de proponer la ratificación a su cámara, y esto me demostraría cuánto deseaba recibirme. Sobre este punto me hizo un millar de argumentos y agregó que costaría muy poco en tiempo lograr que la sala apruebe una medida de este tipo, ya que por su gravedad e importancia debían ver su urgencia; luego dijo que yo sólo tendría que devolver los cascos de la escuadra, tales como los tiene en su poder el almirante inglés, y entonces sería feliz de recibirme en mi capacidad oficial que era su más sincero deseo a diario; y para demostrarlo, entre nosotros y en estricta confianza, me dijo que deje que tan sólo algo en forma aproximadamente parecida a los barcos se entregara y él no los inspeccionaría muy de cerca. Me dijo que yo decía que esas embarcaciones están en un estado lamentable, que requiere tiempo y dinero repararlos; sabía que es cierto que el tratado estipulaba que deberán ser puestos en un estado aproximadamente parecido al que se encontraban cuando fueron detenidos, sin embargo si los dejáramos venir, no serán mirados desde muy cerca. Dijo que la diferencia no los arruinará; o si lo preferimos, que entreguemos algo en su reemplazo. Había sido informado que hay un pequeño barco a vapor en la escuadra que se estima útil únicamente para el río (se refería a H. M. S. "Happy"), pidió que entreguemos eso en reemplazo; y si su valor es mayor que el de los barcos detenidos nos pagarían la diferencia.

Dijo que no es una cuestión de dinero; dijo que no hay suma de dinero que pueda compensar por el derramamiento de sangre y la desdicha causadas por la intervención.

Su Señoría tendrá el agrado de saber que no hubo nada oficial en nuestra conversación, si bien allí accedía yo a inmutables resoluciones y a la caprichosa variabilidad que es la fuente de todo lo que es oficial aquí, y que en una noche había arribado a lo que bajo otras circunstancias podía haber tardado meses de correspondencia oficial. Yo no estaba siquiera comprometido a hacer un pedido oficial de audiencia; y como no he dicho a nadie que tenía entendido que sería recibido por esta época, si bien ha habido una buena medida de conversación en este lugar y en Monte Video al respecto, además de muchos libelos publicados; estaba en situación de hacer uso de mi posición en oposición a las resoluciones del general Rosas, y al mismo tiempo aprovechar cualquier concesión que estaba dispuesto a hacerme, sin incurrir en el descrédito que significaba que mi audiencia fuera negada oficialmente por segunda vez. Al mismo tiempo, sin embargo, que sostenía que el general Rosas cometía un error fatal al no recibirme inmediatamente, no rehusé la discusión acerca del reintegro de los barcos argentinos en nuestro poder; y si el general Rosas logra su intención de procurar la ratificación inmediata del tratado por la cámara, propongo si es posible inducir al almirante Reynolds a enviarme el par de barcos que tiene en su poder, poniéndolos en el mejor estado que pueda con los pocos medios a su alcance, y entregarlos de inmediato, saludando a la Bandera Argentina, que de hecho hemos estado haciendo recíprocamente desde el cumpleaños de la Reina (6 de junio). No estoy seguro de que todo esto sea practicable, y puede disgustar al almirante tripular y enviar tales ruinas; pero si Rosas está dispuesto y apresurado por cerrar los ojos a la dolorosa condición, no veo por qué tengamos que interponernos. Siento que al adoptar este curso yo estaría incurriendo en una responsabilidad que podría evitar, pero confiado en la aprobación de Su Señoría, estoy dispuesto a hacerlo, ya que estoy persuadido que así superaré un problema desagradable y difícil con poco gasto de dinero y tiempo.

Además, si esto se hace rápidamente la demora de mi recepción casi no se notará y escaparé la humillación de haber sido rechazado dos veces por el gobernador de

Buenos Ayres, que en esta segunda instancia, estoy seguro, actúa con muy bajos motivos de orgullo y vanidad, que son en realidad sus más notables y características pasiones. Aprovecho la partida de un barco mercante para la transmisión de esta carta, el contenido de la cual propongo pasar a un despacho confidencial por el Correo del Paquete (que arribó aquí hoy y zarpará dentro de ocho días). Pero esta nave, "*Otter*," va directo, y se dice que navega velozmente y creo que es importante que Su Señoría tenga conocimiento de los detalles antecedentes lo antes posible.

Tuve igual mala suerte con el segundo tema tocado en la conversación del lunes a la noche, la declaración oficial del general Oribe. Hallé al general Rosas dispuesto a escribir al general Oribe para pedirle que reitere la declaración que había hecho en favor de la seguridad de las vidas y de la propiedad de los súbditos británicos en Monte Video en caso de entrar a la ciudad, pero se negó a intervenir con relación a una amnistía para los nativos o por la seguridad de extranjeros que no fueran súbditos británicos. Pero tal declaración al margen de no ser necesaria, debilitaría la declaración anterior de Oribe, y como no veo forma de cambiar la resolución del general Rosas, temo que no tendré éxito en lograr la declaración que Su Señoría requiere. El general Rosas afirma que nunca ha intervenido, y que nunca intervendrá, en los asuntos internos del general Oribe; y que solicitarle que actúe en una forma particular con relación a aquellos que se han alzado en armas contra su autoridad legítima es una intervención.

Tengo el honor, etc.

Henry Southern

Nº 82 Confidencial

Buenos Ayres, 17 de diciembre de 1849

El vizconde de Palmerston,

Milord,

Luego de la firma de la Convención el día 24 del mes pasado, consideré que era cuestión de rutina ser recibido por el general Rosas como ministro de Su Majestad en la Confederación Argentina. Sin embargo, antes de hacer un pedido sobre el tema, consideré prudente conocer las ideas del gobernador acerca del restablecimiento de las relaciones normales entre los dos países.

Obtuve una entrevista con el general Rosas el 10 del actual y en el curso de una larga discusión del tema hallé que Su Excelencia sostenía opiniones al respecto que me parecieron erróneas, y que por ello combatí de la mejor forma posible.

Es opinión del general Rosas que una Convención no autoriza la recepción del ministro hasta tanto tenga lugar la ratificación; y en las circunstancias actuales sostiene que no podría autorizar la recepción de un ministro británico hasta que la escuadra argentina apresada haya sido reintegrada, basando esto especialmente en el efecto que tendría tal procedimiento sobre sus compatriotas, quienes nunca aceptarían que se recibiera al agente británico mientras que el gobierno británico tuviera capturada a la escuadra argentina. Insistió asimismo en la necesidad de la ratificación, antes de la cual la Convención no tendría validez. Su Excelencia no aludió a la ratificación por Su Majestad, pero por parte de su propia Cámara. La ratificación por parte de la Reina de Inglaterra la considera acordada en esencia, porque la ratificación era para nosotros, según la Constitución Inglesa, prerrogativa de la Corona y el gobierno de Su Majestad ya ha aprobado la Convención tal como se encuentra y dio orden de que se firmara. No sería así en cuanto a la Sala de Representantes. Confiaba, dijo, que la Sala de Representantes ratificaría el tratado, no lo dudaba; sin embargo podían hallar razones para negarse a hacerlo, y en tal caso la validez del tratado sería nulo. Bajo estas circunstancias sería imposible recibirme como ministro hasta que el problema tuviera conclusión definitiva.

Transmití al general Rosas que me parecía que tenía nociones sumamente equivocadas con respecto a la relación que existía entre la recepción de un ministro, la ratificación de un tratado, y el cumplimiento de sus obligaciones. La recepción de un ministro u otro agente diplomático era el simple reconocimiento de la existencia de relaciones amistosas entre el país que representa y el país ante el cual está acreditado. En mi caso, consideraba que mi audiencia debía haber tenido lugar hace tiempo atrás; en todas las discusiones sobre el tema, el momento para que tuviera lugar era mencionado por el general Rosas y por su ministro, el Sr. Arana, como aquel en que las diferencias existentes hubieran quedado superadas en una solemne Convención de Paz y de Amistad; ese momento había llegado, y si el gobierno argentino dudaba ahora, estaba seguro que tal acción sería un motivo de sorpresa y desagrado para el gobierno británico y afectaría en gran medida la alta y bien merecida reputación de buena fe de la que gozaba Su Excelencia.

En cuanto a la ratificación del tratado, sin la cual naturalmente el tratado no tiene validez permanente, eso tendría lugar en el momento adecuado, las circunstancias de las cuales había surgido el tratado y el carácter de los firmantes no dejaban lugar a duda acerca de su contenido.

El cumplimiento de las estipulaciones era asimismo un hecho que no admitía complicación. Hacía tiempo que estábamos dispuestos a reintegrar la escuadra argentina capturada, por lo menos, aquello que estaba en nuestro poder y la única dificultad consistía en la demora que produciría la reparación de los barcos que, según la Convención, debían ser devueltos en un estado lo más cercano posible al que mostraban al ser capturados.

Estos son algunos de los argumentos por los cuales busqué influir sobre la mente del gobernador durante una conversación que duró cinco horas. El único efecto del que puedo jactarme haber logrado en las intenciones del general, si esto no hubiera estado decidido ya de antemano, fue la determinación por parte de Su Excelencia de someter la Convención a la Cámara inmediatamente para su ratificación, sin esperar, de acuerdo a las condiciones del artículo 8, la ratificación por Inglaterra, con vistas a acelerar mi audiencia.

Si bien el gobernador insiste aún en el reintegro de la

escuadra, antes de recibirme me dio a entender en confianza que la demora podía ser abreviada con el reintegro de los barcos en el estado en que se encuentren, entendiéndose que él no miraría muy de cerca su estado, ya que, después de todo, su condición era una mera cuestión de consideración pecuniaria; mientras que el acto de reintegro se ligaba al honor del país.

Aunque no dejé de sostener que el general Rosas cometía un grave error al demorar mi recepción oficial como ministro de Su Majestad para el propósito de restablecer las relaciones amistosas entre los dos países, igual no rehusé escuchar las proposiciones que aparentemente surgieron de mi crítica de las opiniones de Su Excelencia.

Al día siguiente, para que no quedara duda en la mente de Su Excelencia acerca de las opiniones que sostenía al respecto, redacté un breve *memorándum*, con la intención de concentrar la esencia de mis observaciones más que reiterar mis argumentos, que entregué a la hija de Su Excelencia, para ser llevado inmediatamente a su atención.

Tengo el honor de adjuntar traducción de esta nota al inglés. Su Señoría percibirá que no lleva domicilio, firma o fecha. Es de esta forma que Su Excelencia ha decidido llevar su intercambio epistolar conmigo; en forma confidencial, sin compromiso oficial más allá del implícito en la conversación no oficial.

Adjunto una traducción de la respuesta del gobernador, presentada en la misma forma, y entregada en mis manos por un secretario privado de Su Excelencia.

Parecería que mis observaciones, o alguna otra causa, han operado un cambio en Su Excelencia, en cuanto ya no reclama cumplimiento de las estipulaciones antes de mi recepción; requiriendo solamente una nota en la que debo manifestar que he dado instrucciones al almirante británico apostado aquí para que reintegre los barcos de guerra argentinos que se encuentran en su poder, y que deberá hacer el saludo de práctica a la Bandera de la Confederación Argentina.

En poder del almirante que comanda la escuadra británica se encuentra solamente un barco argentino, es el "Veinticinco de Mayo", y está en estado tan deplorable que costaría una suma considerable ponerlo en estado adecuado para el servicio; asimismo provocaría una demora en estas aguas. Sin embargo, si fuera posible poner a este barco en condición de hacer el viaje a Buenos Ayres, y si el gobernador aún se encuentra, por razones de urgencia, dispuesto a no inspeccionar muy detalladamente su estado real, me parece que sería sumamente aconsejable atender a las reparaciones superficiales de este barco, que es una corbeta de veinte cañones, y entregarlo al gobierno argentino en cuanto se efectúe la ratificación de la Convención por la Sala de Representantes.

Es mi intención responder a la comunicación confidencial del gobernador, más con vistas a imponer algunas correcciones necesarias en su concepto de hechos y doctrina que con la esperanza de inducirlo a cambiar su posición.

Tengo el honor de ser con el más alto respeto,
Milord,
el más obediente y humilde sirviente de Su Señoría

Henry Southern

Nº 83

Buenos Ayres, 20 de diciembre de 1849

El vizconde Palmerston

Milord,

Tengo el honor de informar a Su Señoría que la Sala de Representantes ha hecho lugar a la petición del pueblo y resuelto rechazar al general Rosas el permiso que solicitó para retirarse de su alta función.

Tengo el honor de adjuntar copias y traducciones del mensaje extraordinario de la sala al gobernador y de la respuesta de la sala al pueblo.

Durante la discusión, si así se lo puede llamar, de estos documentos, los principales miembros de la sala, que son también los principales funcionarios de Estado, han hecho largos y elaborados discursos en honor al gobernador. Quizás desde la época de los emperadores romanos no se ha llevado la adulación a tal grado de servilismo e ingenuidad.

Dos de los más destacados oradores de la sala, don Baldomero García, procurador general, y don Lorenzo Torres, secretario de la Cámara, ambos de gran confianza del gobernador, y favorecidos con el privilegio de frecuentes entrevistas privadas con Su Excelencia, han sido tanto hostiles como insolentes en su tono con relación al viejo tema de la intervención. Un oyente imparcial jamás hubiera supuesto que se acababa de firmar una Convención de Paz y Amistad con una de las potencias intervinientes.

Estas son notas de advertencia para la recepción del nuevo negociador francés, almirante Desfossés, quien, se informa aquí, sucederá al almirante Le Predour, tanto en su capacidad de almirante y plenipotenciario.

Este es uno de los planes del gobernador para poner a prueba el temperamento del nuevo agente. También combina con esto una prueba de su paciencia ya que, en general, deja pasar semanas, y hasta meses, antes de tomar nota oficial de la presencia de un agente extranjero recientemente llegado.

Puede suponerse que esta práctica será llevada a mayor extremo ahora que tiene la autoridad de la sala, para cualquier demora, por más larga que sea, que pueda tener lugar durante la transacción de estos negocios.

En su discurso el Sr. Torres incluyó expresamente dentro del marco de descuidar a los negocios, a los reclamos y pedidos de naciones extranjeras, y recomendó que el gobierno trate tales asuntos en la misma forma que el gobierno británico ha tratado la cuestión de las Islas Malvinas.

La sala estaba cerrada ayer, día 19.

Tengo el honor de adjuntar el discurso del gobernador

en esa ocasión, dirigido por un delegado en la persona del Sr. Insiarte, ministro de Finanzas.

La sala reabre el primero de enero: el gobernador ha estado abocado durante meses a la redacción del mensaje que dirigirá en la ocasión.

Tengo el honor de ser con el más alto respeto,
Milord,
el más obediente y humilde sirviente de Su Señoría

Henry Southern

Robert Gore
[1852]

Gore llegó a Buenos Aires en 1848 como secretario de Southern. El 29 de agosto de 1851 fue ascendido a encargado de negocios. Asistió a sir Charles Hotham, quien había tratado de lograr la rendición de Rosas ante el bloqueo anglofrancés, al llegar este a Buenos Aires en una misión comercial especial en abril de 1852. Gore permaneció varios años en Buenos Aires, residencia que sus cartas aquí traducidas no parecían hacer posible. No es fácil determinar hasta aquí cuál era la relación estrecha, o íntima como lo describe Gore en su carta, entre el enviado y la familia de Rosas. Gore se mantuvo confiado hasta el final en que Rosas podía superar a sus atacantes. Su optimismo no decaía pese a tener noticias de los reveses sufridos por las tropas de Rosas los días 27 y 28 de enero y, escribiendo el mismo 2 de febrero, expresó temor por la estabilidad de Brasil en caso de ser derrotadas las fuerzas brasileñas que acompañaban a Urquiza.

Poco después todo iba a cambiar. En abril de 1852 (junto a Hotham) llegaba a Buenos Aires Frank Parish, hijo menor de Woodbine Parish, con el cargo de vicecónsul británico; siendo ascendido a cónsul en 1860. Pese a la poca responsabilidad del cargo, su estadía en Buenos Aires (y en Montevideo) acompañaría un cambio en las relaciones comerciales entre Argentina y Gran Bretaña. Se iniciaba la era de los ferrocarriles, y Frank Parish sería personaje integrante de directorios ferroviarios.

Gore acompañó el cambio de autoridad con más distancia. Había visto un gobierno y le costaba ajustarse al que lo sucedió. No emite opinión inmediata acerca de Urquiza aunque luego sostendría ciertas reservas acerca del vencedor de Caseros. Esa opinión la compartiría Guillermo Enrique Hudson, en *Allá lejos y hace tiempo*, donde observa que "el Capitán-General Urquiza era de aspecto repelente, truculento, alguna vez principal ayudante del Dictador, feroz salvaje si alguna vez lo hubo..." En contraste, nuevamente un editorial de *The Times* aprueba al vencedor de Caseros en términos mucho más cálidos.

Un apunte necesario a una de las cartas de Gore se refiere a su informe de que flameaban banderas extranjeras en los edificios de Buenos Aires. Este era un acto de precaución. Cuentan las anécdotas familiares de la colectividad británica que Rosas había instruido a sus simpatizantes, mazorqueros, gauchos y tropa, en la prohibición de atacar lugares que izaban bandera extranjera. Era una forma de evitar conflictos con agentes y enviados extranjeros en Buenos Aires.

Nº 15 Confidencial

Buenos Ayres, 9 de febrero de 1852

El vizconde Palmerston,

Milord,

Como consecuencia de los incidentes ocurridos recientemente en este país y por la activa participación que me vi obligado a tomar (bajo las más extrañas circunstancias) para salvar la vida del general Rosas, que buscó refugio en mi hogar durante mi ausencia de la casa en la tarde del 3 de febrero después de la batalla, considero que sería sumamente beneficioso al Servicio Público si Su Señoría me otorgara una licencia de seis meses o un año para viajar a Inglaterra, hasta que haya calmado el actual sentimiento de enojo que existe contra mí a raíz de la asistencia que di para salvar la vida de aquel general.

No es a raíz de un temor por mi vida que hago este pedido de licencia, pero sí porque temo que nuestras relaciones con el nuevo gobierno pueden ser en el presente más cómodas y amistosas de esa forma que si las conduzco yo, habiendo conocido con gran intimidad tanto a la familia del general Rosas como a él mismo.

No dejaré nada sin hacer que pueda lograr con dignidad y honor para disipar el sentimiento que actualmente existe contra mí, y si el gobierno es razonable no tengo duda que tendré éxito.

Tengo el honor de ser con el más alto respeto,
Milord
el más obediente y humilde servidor de Su Señoría.

Robert Gore

No. 16

Buenos Ayres, 9 de febrero de 1852.

El vizconde de Palmerston,

Milord,

La madrugada del 3 de febrero llegó a esta ciudad con el preanuncio de tambores y de todo tipo de preparación militar para defender a la ciudad de un ataque, o de fugitivos del ejército que podían dedicarse al pillaje y al robo en la ciudad.

A las nueve circuló un informe que Rosas había roto el flanco izquierdo del ejército de Urquiza y que el combate le iba bien, pero pronto se supo que su ejército, en vez de luchar, con la excepción de la División de Palermo y de la artillería, se dispersaba y fugaba por el campo. La ciudad estaba en estado de gran agitación cuando el general Mancilla, comandante de tropas y fuerzas armadas en la ciudad, invitó a los agentes extranjeros a dirigirse al campamento del general Urquiza y ofrecer sus buenos oficios para lograr un entendimiento entre la ciudad y su vencedor por el cual se evitaría la efusión inútil de sangre. Esto tuvo lugar a mediodía; y, habiendo estado muy ocupado durante la tarde no pude regresar hasta las cuatro y media a mi casa donde, para mi sorpresa, hallé al general Rosas en mi cama; había ingresado hacía una media hora disfrazado de soldado raso. Me habló con tanta tranquilidad como si hubiera estado cómodamente en Palermo, y me informó que estaba seguro bajo la protección de la bandera británica; que había escrito una nota al presidente de la sala renunciando en manos de la Sala de Representantes el poder con que le habían hecho el honor de investirlo, y que estaba por abandonar el país.

No hice comentario alguno, en realidad tenía muy poco tiempo ya que tenía la obligación de acompañar al resto de los agentes extranjeros al campamento a las 6 p.m. Dí órdenes de que no se admitiera a nadie en mi casa, y luego informé a la hija acerca de la seguridad de su padre. Entonces acompañé a los agentes extranjeros a Palermo donde hallamos que la Guardia de Avanzada del Ejército de Urquiza acababa de llegar y se había instalado bajo el comando del coronel Galán, ministro de gobierno del general Urquiza, quien nos recibió muy amablemente cuando le informamos de nuestra misión. Envió a un ayudante de campo al Campo de Batalla, donde se encontraba el general Urquiza, para informarle al respecto. No habiendo recibido respuesta a las diez y media, consideré aconsejable regresar a la ciudad para coordinar y ejecutar un plan para embarcar al general Rosas y a su hija antes del alba.

El contra almirante Henderson, con quien me comuniqué de inmediato, reconoció la urgente necesidad de que el general Rosas abandonara mi casa ya que la consecuencia de que permaneciera allí podía ser lesiva para los intereses británicos.

Decidí entonces embarcarlo en el vapor *"Locust"* (que habíamos acordado enviar a Monte Video con un despacho para el Paquete) y transferirlo a él y familia al *"Centaur"* hasta que llegara el *"Conflict"*, nave a vapor, de Monte Video y así llevarlo a lugar seguro.

Regresé a mi casa a medianoche con la hija del general Rosas y, luego de cierta conversación, convencí al general Rosas de la absoluta necesidad de embarcarlo esa noche, cosa que logré hacer a las 3 a.m. con su hijo e hija.

Este plan se llevó a cabo sin conocimiento de persona alguna excepto aquellas necesarias para su conducción.

A las 4 a.m., al regresar, el general Mancilla me solicitó que acompañara a una comisión integrada por el obispo, el presidente del Banco, Dn. Vicente López; y Dn. José Ma. Rojas, para aguardar al general Urquiza, cosa que hice, y llegué a Palermo a las 6 a.m., donde hallamos a los agentes extranjeros aguardando el arribo de ese general, cosa que ocurrió a las 10 a.m.

Para esta hora la ciudad había expresado su adhesión al general Urquiza, que recibió la Comisión y nombró a don Vicente López como Gobernador Provisional.

Todos fuimos presentados al general Urquiza, que expresó unas palabras amables a cada uno de nosotros, y luego regresamos a la ciudad, que hallamos en manos del populacho dedicado a robar y saquear los comercios, especialmente aquellos de joyas.

Habiendo el general Mancilla tomado refugio a bordo del vapor de guerra francés *"Flambert"*, los oficiales de la guarnición se retiraron a sus casas. Los infantes de los diversos barcos de guerra extranjeros ya habían sido desembarcados, la Aduana y el Banco fueron puestos bajo la protección de los británicos y franceses, y fueron apostadas guardias en cada una de las casas de los agentes extranjeros, izándose en cada una de ellas la enseña nacional respectiva.

El Gobernador Provisional nombró al general Guido como Comandante Militar, y de inmediato se tomaron medidas para restablecer el orden, cosa que no se logró antes de que fueran baleadas unas 200 personas, bajo virtud del decreto que se emitió, copia y traducción de la cual tengo el honor de transmitirle. El día 8 se había restablecido el orden en forma total, pudiéndose recomenzar los negocios normales de la ciudad.

Tengo el honor de ser con el más alto respeto,
Milord,
el más obediente y humilde servidor de Su Señoría,

Robert Gore

Dos extratos de editoriales publicados en *The Times*

Londres, viernes, 20 de febrero de 1852.

Hace ya tiempo que nuestra atención no se dirigía a los acontecimientos en el Río de la Plata, dado que sucedían hechos de mayor importancia en Europa, y por el conocimiento que habíamos adquirido de la intervención europea que no había tenido éxito en restaurar a ese país la paz y la libertad del acceso comercial. Pero vemos con gran satisfacción que se confirman nuestras opiniones emitidas al considerar este tema hace siete u ocho años atrás, con el logro por fuerzas nativas sudamericanas de las metas que alguna vez unieron a Inglaterra y Francia. Esa intervención no tuvo efecto, porque sus operaciones fueron casi exclusivamente marítimas; y, por la naturaleza del país, un bloqueo de las vastas costas del Plata era inoperante como medio de coerción contra un enemigo tal como el general Rosas. Un ataque contra la ciudad de Buenos Ayres parecía aun menos expeditivo, y nunca se alentó. La resistencia de la ciudad de Monte Video contra un bloqueo de casi nueve años por el ejército argentino bajo Oribe sólo fue posible con la ayuda pecuniaria entregada por Francia a la República de la Banda Oriental, y por el mantenimiento de las comunicaciones por mar. Al fin llega el día del desenlace. El general Urquiza, al frente de una fuerza numerosa de la provincia de Entreríos, y con el respaldo de un destacamento brasileño, marchó sobre Monte Video, y Oribe fue obligado a levantar el bloqueo sin pelear. Un nuevo tratado fue concluido entre el Imperio del Brasil y la Banda Oriental, nuevamente restablecida su independencia. Las provincias de la Confederación Argentina al norte del Plata se muestran decididas a deshacerse del yugo del dictador de Buenos Ayres, para abrir por fin sus magníficos ríos y recursos naturales al comercio del mundo. Las fuerzas bajo el mando de Urquiza se han incrementado a medida que avanza, y, como es costumbre de los españoles y portugueses en sus guerras civiles, la partida victoriosa es más rápidamente reforzada por la deserción del enemigo de la causa perdedora que por la derrota en el campo de batalla. Sabemos por información auténtica del comando del ejército que Santa Fe se ha declarado contra Rosas, y se ha plegado a las fuerzas bajo el mando del general Urquiza, que suman 29.645 hombres de todas las armas. El Paraná fue cruzado el 24 de diciembre, a 12 leguas al sur de la ciudad de Santa Fe, colocando al ejército libertador ya sobre la frontera de la provincia de Buenos Ayres. La escuadra brasileña, al mando de nuestro bravo compatriota, el almirante Grenfell, gobierna las aguas, y una fuerte reserva de 16.000 hombres ocupa la Banda Oriental. Bajo estas circunstancias las esperanzas nacen más confiadas en un éxito rápido y total por parte de los comandantes de las fuerzas aliadas de Sud América. Hasta ahora todas las fuerzas enviadas por Rosas a enfrentar al ejército libertador se han desmembrado o se entregaron a sus adversarios, y no se ha intentado ninguna resistencia seria. No nos sorprenderá saber que cuando el prestigio de su poder tiránico esté destrozado, cuando fracase todo medio de defensa e incluso de proteger su seguridad personal, Buenos Ayres misma, que por largo tiempo ha temblado bajo la barbaridad del dictador, se pasará de servil obediencia a la feroz exaltación de su ruina.

El poder de Rosas se constituyó, como con frecuencia hemos tenido ocasión de observar en oportunidades anteriores, sobre el sacrificio a Buenos Ayres de todos los intereses de los Estados que bordeaban sobre el Río de la Plata y sus tributarias, y en el sacrificio de Buenos Ayres misma a su propia autoridad despótica. La Banda Oriental, cuya independencia fue objeto de nuestro propio país establecer y asegurar en 1828, a poco de la emancipación de las colonias sudamericanas, fue oprimida e invadida por un ejército argentino, bajo el pretexto de solucionar los problemas internos de ese Estado, pero en realidad con el propósito de destruir la competencia comercial y el crédito de Monte Video. La inmensa emigración europea a esa ciudad y Estado se detuvo; las casas de comercio de Monte Video han sido arruinadas, porque el país que las mantenía ha sido ocupado y violado por el enemigo; y el comercio del Río de la Plata se limitó a Buenos Ayres. Este Estado, con el gobierno no sólo del Río de la Plata pero también de las bocas del Paraná y del Uruguay, reclamó el derecho y ejerció el poder de prohibir la libre navegación de estos ríos por barcos extranjeros, excepto bajo su propia bandera, y en la práctica cerró esos grandes canales de comunicación con el continente de Sud América. Si Rosas hubiese tenido éxito total en estos cometidos, como en un momento pareció haber logrado con la conclusión de los tratados firmados por él con Mr. Southern y el almirante Lepredour, es probable que su próxima agresión hubiese sido dirigida contra el Brasil, y no tenemos duda que el gobierno brasileño actuó con prudencia, así como con firmeza, al determinar de inmediato la necesidad de repeler y quebrar el poder tan amenazador para sus provincias del sur. Brasil solo no podía actuar con eficacia en el lugar. Fue en gran parte debido a su solicitud que la atención de los gobiernos inglés y francés fue dirigida al tema en 1844, y comenzó una activa operación. Pero ni bien se presentaron las fuerzas europeas, el Brasil tomó una actitud muy pasiva, no siendo hasta que las hostilidades de las escuadras combinadas habían cesado y firmados los tratados de paz con Inglaterra y Francia, que el Brasil se halló ella misma obligada a actuar con sus propios recursos, y su superioridad marítima sobre Rosas ha sido una ventaja decisiva para el ejército libertador. Posiblemente se hubieran obtenido los mismos resultados algunos años antes, mediante la vigorosa persistencia en la política que los acontecimientos recientes demuestran ser la correcta.

Aunque nos regocijemos cordialmente por la restauración de la independencia política y la libertad del intercambio comercial en estos espléndidos países, que están tan bien adaptados para recibir una numerosa población europea y para desarrollar varias importantes ramas de comercio, es fundamental para estos objetivos que la paz se tome de la mano con la libertad. Las comunidades dispersas en tan amplio territorio, y aún dedicadas principalmente a una vida pastoril, necesitan de poco gobierno excepto para el requisito de protección de vidas y propiedad. Del otro lado del continente sudamericano y de la cadena de los Andes, varias Repúblicas libres y prósperas han surgido de las antiguas colonias de España; y, aunque sus primeros años estuvieron convulsionados por incesantes revoluciones, son ahora en su mayor parte comunidades pacíficas con sus propios gobiernos.

No hay razón alguna para que Buenos Ayres, Entreríos, Santa Fe y Paraguay, colectivamente, y la Banda Oriental, por separado, no tengan éxito como Chile, Perú, Bolivia, Venezuela y el Ecuador, teniendo los Estados orientales la manifiesta ventaja de estar más estrechamente ligados a la emigración y al comercio de Europa. En cuanto cese la guerra en estos países y aun en los cortos intervalos de hostilidades, no habrá lugar del globo donde los intereses comerciales europeos puedan dar fruto con tanta rapidez. El despotismo de un Francia o de un Rosas fue la natural consecuencia de la anarquía militar que sucedió a la destrucción de la autoridad de España sobre sus antiguas colonias; pero es imposible que los perjuicios y la ambición egoísta de tales hombres puedan cerrar y esclavizar, como en la isla de Japón, vastas provincias regadas por los más grandes ríos de la tierra, y podemos tener aún la esperanza de ver a los Estados de Sud América española satisfacer algunas de las expectativas que se crearon tan profusamente y con tanto entusiasmo en el comienzo de sus existencias políticas independientes.

Lunes, 26 de abril de 1852.

La hospitalidad y la tolerancia de Inglaterra pocas veces han estado ante una prueba tan difícil como lo está en este momento con el arribo en puerto irlandés, y probablemente antes de mucho tiempo en esta metrópolis, del ex dictador de Buenos Ayres. Si se necesitara más demostración de que el suelo de Gran Bretaña está abierto igualmente a refugiados de todo tipo, y que no está cerrado a los representantes de las formas más atroces de despotismo, imbuidos del derramamiento de sangre y expulsados como justa retribución, queda de manifiesto, ante todo, que la libertad de refugio es absoluta en una tierra que acepta recibir al general Rosas. Nos resta, por cierto, saber por autoridad de quién una nave de guerra británica fue puesta a disposición de este prófugo para atravesar el Atlántico; y, si bien fue consistente con nuestros principios humanos en general, el salvar la vida de un hombre que fuga disfrazado frente a una muerte segura, confiamos que los agentes ingleses en el Río de la Plata no tuvieron nada que ver con el botín acumulado por el anterior gobierno ni con el destino futuro de Rosas mismo. Parece que ha decidido dirigirse a Europa. Si hubiera permanecido en América hubiese sido suficiente relatar la catástrofe que cerró su carrera. Pero entra a nuestro medio con un nombre manchado por todas las barbaridades de la tiranía extrema; y, ya que Inglaterra ha sido elegida para otorgarle asilo, la opinión pública de este país no puede abstenerse totalmente de emitir juicio acerca de sus acciones. Después de semejante vida, esperamos que el general Rosas perciba que el anonimato es el final más adecuado.

La historia de la Confederación Argentina durante más de 20 años ha sido absorbida por el dominio personal de este hombre, porque así como el Estado de Buenos Ayres había logrado el monopolio de todo el poder ejecutivo de la mal llamada Confederación, Rosas había sido desde 1829, el poder absoluto en Buenos Ayres. Su carácter se compone de la arrogancia y de los perjuicios de la tozudez de su ascendencia española, mezclados con la crueldad y la astucia de las razas salvajes de indios sudamericanos.

Estableció su poder mediante proscripciones tan feroces y discriminatorias que jamás haya sufrido aun una comunidad semi civilizada, y mediante su influencia la población gaucha de Buenos Ayres fue puesta por encima de los habitantes de las ciudades. No hubo precaución demasiado pequeña para su celo de poder, ningún medio de ejecución demasiado sanguinario para que él no lo usara. Todo acto de su gobierno estaba encabezado por el grito, "Mueran los salvajes unitarios", y la mera posesión de una pieza de cinta azul, en vez de la cocarda roja de los federalistas era un crimen en Buenos Ayres. Con una voluntad inflexible, con la astucia de un zorro, con una egregia vanidad y sentido de su propia importancia, y con una desconfianza constante de todo ser humano, excepción hecha, quizás, de su hija, gobernó en un terror solitario sobre Estados aparentemente adaptados por su naturaleza a la rápida extensión de su prosperidad, felicidad y libertad. Contra sus rivales internos y los antagonistas externos utilizó el único principio del terror. Bajo sus órdenes la sangre corrió tan libremente como el agua, y el exterminio de sus adversarios políticos fue durante años asunto diario de su gobierno, pero esta sangre no se derramó en la horca o en el campo de batalla. El movimiento de sus bandas era más sigiloso, el golpe que daban era más trágico.

Pero tal fue su tenacidad y bravura que tuvo éxito en el rechazo de varias, sucesivas expediciones de escuadras francesas e inglesas, y en derrotar o engañar a toda una serie de agentes diplomáticos, hasta que los asuntos del Río de la Plata se convirtieron en el oprobio de los primeros gobiernos del mundo. Para mantener su régimen fue fundamental el cierre de los grandes ríos que confluyen en el estuario de La Plata.

Hasta cierto punto, Rosas favoreció el comercio de Buenos Ayres, en parte para conciliar a la población británica reunida allí, en parte para promover el ridículo de sus rivales. Pero se opuso a la rápida expansión de la población y del comercio.

* * *

Intentó sembrar el desacuerdo entre los agentes ingleses y franceses en sus negociaciones con él y simuló tener preferencia por nuestro país, pero nada pudo superar la insolencia de su lenguaje cuando habló de la Gran Bretaña en su último mensaje. Cuando fue enviado Mr. Southern como ministro plenipotenciario de Su Majestad, se negó durante semanas y meses a recibirlo en tal capacidad. Se publicó un edicto anunciando que cualquier inglés de la escuadra, tomado en territorio argentino, debía ser ultimado; y para dar prueba de que esto no era más que una simple amenaza el asesinato del teniente Wardlaw, por lo que nunca se recibió reparación alguna, aún clama por ser vengado.

* * *

La misión naval conjunta de Inglaterra y Francia que está por zarpar para el Río de la Plata con iguales fuerzas e instrucciones comunes, bajo el mando de sir Charles Hotham y el almirante Suin, arribará, esperamos, a tiempo para presenciar el comienzo de una nueva era de paz y libertad en la Confederación Argentina, y sabemos que es el deseo sincero de ambos gobiernos promover estos objetivos tan saludables, sin ninguna interferencia innecesaria en los asuntos internos del país. Debe esperarse que el general Urquiza continuará demostrando la misma habilidad y moderación en el gobierno que han marcado su conducta en su victoriosa campaña. El mismo fue educado en Buenos Ayres y actuó bajo el mando de Rosas pero ascendió por sus propios méritos y coraje para ser elegido presidente del Estado de Entreríos.

ANÉCDOTA FINAL

El poeta, Rosas y Camila

El poeta inglés James Reeves se lamentaba, en un artículo de homenaje a John Masefield en su centenario publicado en *The Author* a mediados de 1978, de "la extraña costumbre que ahora tenemos de tomar cuenta de los poetas solamente en sus diversos aniversarios". Llámese una extraña costumbre, una conspiración comercial o un tardío pero sincero tributo, lo cierto es que en este caso un centenario ayudó a explicar en parte el origen de los escritos sobre la Argentina de John Masefield, marino y poeta "*laureate*" de la corona británica hasta su muerte en mayo de 1967, a los 89 años.

Los escritos del marino-poeta referidos son los poemas narrativos "*Rosas*" (1913) y "*The daffodil fields*" (Los campos de narcisos) (1912). Ambos fueron conocidos en castellano en Buenos Aires por medio del libro "*El poema Rosas de John Masefield*", de José Luis Muñoz Aspiri, editado por EUDEBA en 1970. El primero narra, en tono casi épico, hechos de la vida y del gobierno de Juan Manuel de Rosas; centrando todo su cariño el autor se vuelca hacia la trágica pareja, ejecutada por culpa de su furtivo romance, Camila O'Gorman y Uladislao Gutiérrez. "*Los campos de narcisos*" cuenta la historia de dos amigos, enamorados de la misma mujer, que viajan a la Argentina, uno de ellos acriollándose en estas tierras. Los dos amigos se reúnen en Inglaterra más tarde para pelearse por la misma mujer, trabándose en duelo criollo que termina con la muerte de ambos.

También hay obras menores de Masefield que incluyen solamente menciones de la Argentina. En esta categoría está *"The tarpaulin muster"* (1907), un volumen de cuentos que incluyen una pieza titulada *"El Dorado"*. Este texto trata de un personaje obsesionado por hallar el legendario centro de riqueza e incluye "recuerdos" de un arreo en la Argentina.

En su ya mencionado libro, Muñoz Aspiri especulaba acerca de la fecha en que Masefield pudo haber estado en Buenos Aires, suponiendo finalmente que esto sucedió hacia fines del siglo pasado, siendo el poeta un cadete de abordo en sus primeros viajes de instrucción. La inspiración de ambos poemas narrativos podía surgir, según el texto argentino, de los panfletos sobre el régimen de Rosas publicados con frecuencia en esa época; o bien de las historias del romance, presentadas en forma de novelitas trágicas como producto lacrimógeno y vituperativo. Experiencia más cercana y más personal no podía haber, ya que Masefield nació en Ledbury en 1878, a un año de la muerte de Rosas, en Southampton. Pero estas aseveraciones se basaban, según constaba, en la especulación.

La pesquisa para determinar la conexión entre Argentina y Masefield, se vio facilitada por el centenario del poeta en 1978. Es en tales aniversarios que se publican comentarios de personas que conocieron a personajes de renombre, recuerdos y biografías. Sin embargo, la señorita Judith Masefield, hija del poeta, escribió desde su casa cerca de Haslemere, en Surrey, que recordaba que su padre había mencionado el nombre de Rosas, a propósito de su poema, pero no conocía los orígenes del escrito. Aseguró que el poeta acostumbraba elaborar una idea en la biblioteca del Museo Británico. Los editores de Masefield, William Heinemann, dijeron que "John Masefield fue siempre muy reticente acerca de los lugares donde actuó y en qué barcos..." y que "Por ser un *Poet Laureate* cuya obra estuvo tanto a la vista del público, John Masefield fue un hombre muy privado en cuanto a su vida personal".

El próximo paso en la investigación fue por el camino a la bella ciudad universitaria de Cambridge, a la casa de la señorita Constance Babington Smith, autora de la biografía de Masefield, *"John Masefield, a life"*, publicada en noviembre de 1978 por Oxford University Press.

* * *

La autora, más conocida entre los británicos por sus libros sobre aviación y sus obras autobiográficas acerca del espionaje fotográfico aéreo durante la Segunda Guerra Mundial que por sus investigaciones literarias, advirtió inmediatamente que Masefield siempre estuvo por Sud América, aunque sus recuerdos personales solamente abarcaban la costa del Pacífico. "Varias de sus piezas tienen instancias autobiográficas, pero la evidencia indica que también le gustaba escribir episodios cortos en primera persona basados en experiencias que no eran suyas. La confusión es grande ya que muchas experiencias que menciona están traspuestas en relación tanto a los personajes originales como a los países mismos."

A los 13 años, en 1891, Masefield ingresó en el buque

escuela *HMS Conway*. Luego de un curso de tres años en los que logró notas excelentes en navegación pero pésimas en matemáticas, Masefield fue aceptado como cadete en el *Gilcruix*, un bergantín de cuatro palos perteneciente a la empresa White Star Line, que zarpó del puerto galés de Cardiff en abril de 1894, con rumbo a Iquique.

El diario de viaje denuncia contactos con un vapor que tenía rumbo a Montevideo y un feliz y veloz cruce del Atlántico hasta un punto al sur de Brasil, en junio, donde se disfrutaba de las "genuinas borrascas del Río de la Plata". Las anotaciones en el diario cesan el 30 de junio, sin evidencia de detención alguna en la costa argentina. La ausencia de anotación puede explicarse, quizás, por la tormenta sufrida en el paso por el estrecho de Magallanes y por el comienzo de una enfermedad nerviosa que se fue pronunciando a medida que el *Gilcruix* se acercaba a Iquique, adonde llegó en la primera semana de agosto. A fin de ese mes, el *Gilcruix* zarpó sin el cadete, que para entonces viajaba rumbo a Valparaíso para su tratamiento en el Hospital Británico, instalado en la zona de Cerro Alegre (y destruido por el fuego en 1906), de ese puerto. Durante su convalescencia en ese lugar conoció a un viejo marino con quien se intercambiaron anécdotas de viaje.

Al ser dado de alta, Masefield viajó al puerto de Callao, de ahí a Panamá, donde obtuvo un pasaje en un vapor de la Mala Real, llegando de regreso a Inglaterra hacia fines del año; la diferencia en la duración de los viajes se debe al hecho de haber salido en un velero y regresado en un vapor. Debido a las presiones de una tía, escandalizada ante la idea de que el joven marino prefería dedicarse a escribir, Masefield volvió a embarcarse, ya con desgano, en otro bergantín, el "*Bidston Hill*", de la empresa W. Price, que zarpó de Liverpool para Nueva York. El 30 de marzo de 1895, al seguir viaje el velero, Masefield quedó en tierra. Escribió a su familia: "He desertado de mi barco en Nueva York y me voy a la deriva. Pero voy a ser un escritor, pase lo que pase". Aun cuando allí se separó de la vida marítima, jamás perdió su amor por el romance del mar, que inspiró algunas de sus piezas famosas, en especial el poema "*Sea Fever*".

Antes de regresar a Inglaterra, en julio de 1897, Masefield quemó la mayoría de sus poemas, apuntes y cuentos escritos durante su estadía en Nueva York (donde había trabajado en una fábrica de alfombras). Enfermó de tuberculosis y no fue hasta mediados de 1898 que publicó su primer poema en la revista *The Outlook*. De ahí en más, progresaron sus contactos literarios y sus publicaciones.

La breve descripción de viajes y vida hecha hasta aquí se ha dado para que el lector acompañara en la especulación acerca de los orígenes de los dos poemas que escribiría Masefield en 1912 y 1913. Pudieron haber estado esos comienzos en las charlas en el atardecer de Valparaíso durante su convalescencia. Pudieron haber estado también entre sus recuerdos anotados como apuntes, quemados antes de abandonar Nueva York.

Hay otras fuentes posibles. Hay varias referencias a Guillermo Enrique Hudson en la correspondencia de Masefield, aunque esto no está consignado en las biografías existentes. Ya para las fechas en que Masefield escribió los dos poemas en cuestión, Hudson había publicado varios de sus libros sobre el Río de la Plata, si bien su texto más famoso, *Allá lejos y hace tiempo*, no aparecería hasta 1918. Hudson, a comienzos de siglo, era conocido en Londres, tanto por sus escritos como por su pobreza, y circulaba en los diversos núcleos literarios de la ciudad.

Sin embargo, esta pista se desvaneció. El coronel Dennis Shrubsall, autor de una biografía, *W. H. Hudson, writer and naturalist* (Compton Press, Salisbury, 1978), basada en la correspondencia del naturalista, no halló dato alguno que llevara a una explicación.

Mejores indicios, sin que llevaran a las pruebas, provinieron del actual interés despertado por Robert Bontine Cunninghame Graham, reflejado en los varios libros editados acerca del viajero-político-escritor (Alicia Jurado: *El escocés errante;* John Walker: *The South American sketches*, y una biografía crítica publicada por Cedric Watts, de la Universidad de Sussex). Por medio de la biografía de Cedric Watts, publicada por Cambridge University Press, ha aparecido una respetable cantidad de correspondencia entre Masefield y Graham, fechada entre 1907 y 1910. Por ejemplo, al escribir Masefield a Graham, el 24 de abril de 1907, para agradecerle una nota sobre una nueva edición de *Dampier's Voyages*, el poeta envió al viajero un ejemplar de *The Tarpaulin Muster* diciendo que en ese texto había tomado mucho de Graham, así como en otros había "tomado de todo el mundo".

Esto hace que sea necesario volver sobre los apuntes biográficos acerca de Masefield y recordar la advertencia de que el poeta tenía la costumbre de modificar el escenario de sus obras. Es así entonces que debe aceptarse la explicación en el prefacio de la edición estadounidense de sus poemas (1918) que da Masefield acerca de "*Los campos de narcisos*" (que incluye historias de arreos, descripciones del campo argentino y de duelos criollos): "En 1912 escribí *Dauber y Los campos de narcisos*... La base para *Campos de narcisos* está tomada de un apunte en *Viajes en Islandia* de sir W. Mackenzie. Allí se afirma que los hechos descriptos en el poema ocurrieron en Islandia en el siglo XI."

En cuanto al poema *Rosas* ni siquiera se logró tan exótica explicación. "En este año (1913) escribí el borrador de la historia de Juan Manuel de Rosas, dictador de la Argentina". Pero nada más acerca de cómo este inglés llegó a ver a Rosas.

Un dictador argentino exiliado vivió 25 años en Southampton

Revista *Hampshire*, julio 1982

por A. G. K. Leonard

Cualquiera que sea el resultado final de los errores y el conflicto referente a las Islas Malvinas, una cosa es segura: ningún general dado de baja de la junta militar del presidente Galtieri seguirá el camino al exilio del primero de la larga lista de dictadores argentinos, a quien le acordaron refugio los británicos y que hizo su hogar en Southampton, donde pasó los últimos 25 años de su existencia.

Fue el general Juan Manuel de Rosas, un estanciero que hizo una fortuna y formó su propio ejército de vaqueros, llegando a ser el amo de Buenos Aires desde 1829 y dictador nacional de la Argentina hacia 1835.

Durante los 23 años de su gobierno crecientemente absolutista y cruelmente autoritario estableció un patrón de inmisericordia en la lucha contra la oposición, creando métodos para la policía secreta de arresto arbitrario, tortura y asesinato, reforzados con elecciones fraudulentas (su toma del poder fue confirmada por un supuesto voto de 9.315 a 5) y un nacionalismo fomentado por guerras agresivas contra los países limítrofes.

"Nacido en Buenos Aires el 30 de marzo de 1793, vino a Inglaterra en 1852, murió en Southampton el 14 de marzo de 1877" reza la inscripción sobre su monumento en el cementerio viejo de Southampton, cerca de la entrada de la plaza.

El pulido obelisco de mármol rosado con la cruz fue renovado en 1965 por sus admiradores modernos, que en 1972 se aseguraron de la anulación de la resolución del Congreso Argentino de 1861 que lo condenara a muerte en ausencia como asesino masivo: especificaba 2.034 asesinatos ejecutados por sus órdenes, aunque puede haber sido responsable de diez veces más.

En la Argentina, los peronistas y otros defensores de los gobiernos fuertes ahora dejan de lado los excesos internos de Rosas, sus campañas de exterminación contra los indios y los intentos de absorber el Uruguay, y lo rehabilitan como agente de unificación nacional cuyo gobierno personal puso fin a un período de desunión entre las diversas provincias de la Argentina.

Inicialmente fue apoyado por esta razón, pero la gente de su tiempo fue desilusionándose gradualmente y se alinearon contra él. Acudieron a un gobernador provincial, el general Justo José de Urquiza, quien, con el apoyo de Brasil, levantó el sitio de Montevideo y derrotó al ejército de Rosas en la batalla de Monte Caseros (a 10 millas de Buenos Aires) en febrero de 1852.

Con su esposa e hija, el dictador derrotado fue asilado por el cónsul británico, quien arregló su viaje en un barco británico, el HMS *Locust*.

El barco los dejó en Southampton, la ciudad del comandante, el capitán Day. Rosas decidió establecerse ahí. Por un tiempo permaneció en el Hotel Windsor y luego se asentó debidamente en una casa grande en lo que entonces se denominaba "la parte alta decente de la ciudad".

Esto era en Carlton Crescent, el lindo edificio de balcones que ahora lleva el número ocho, que después alojó una escuela de niñas con internado, luego un sanatorio privado, y donde ahora funcionan algunas oficinas del gobierno. Hay avisos que guían a los visitantes a la parte posterior si buscan la Oficina de Autenticaciones y los Tribunales de Apelación de Seguridad Social pero, aparte de que su imponente puerta de entrada está cerrada, el exterior sigue siendo el mismo que se edificó aproximadamente en 1830.

Provista de cochera, establos, jardines de paseo que se extienden hasta la propiedad del Ordenance Survey, *Rockstone House* (el nombre de la casa a veces se confundía con *Rockston Place,* muy cerca de ahí) era una de las más grandes entre las casas estilo regencia de Carlton Crescent, un grupo atractivo de "residencias ciudadanas" preferidas en la época victoriana por "las clases que tenían carruaje".

El censo de 1851 registraba sólo una familia de cuidadores en *Rockston House,* la que permanecía vacía a la espera de otro "ocupante de medios" tal como el general Rosas. Su nombre no figura en los libros de tasación contemporáneos, pues él dejaba tales asuntos financieros mundanos en más de un agente, pero debe haber tomado la casa alrededor de 1853: las guías de la ciudad muestran que continuaba ahí hasta 1865.

La noche del 7 de abril de 1861, lo anotó el censista: un viudo de 68 años, bajo la extraña descripción de "estatista", solo en su enorme casa, a diferencia de sus vecinos, quienes tenían varias personas para el servicio doméstico. Esta peculiaridad probablemente reflejara lo que el obituarista del *Southampton Times* más tarde mencionaría como "su determinación de nunca atarse por ningún compromiso permanente".

Las condiciones del general como jinete le habían ganado la admiración de los gauchos argentinos y él encontraba gran placer en derrocharlas en Southampton. Como publicaba el *Hampshire Advertiser*, "solía pasear por las calles casi diariamente en un hermoso caballo negro y su forma majestuosa y su porte militar, junto con los arreos de su corcel siempre atraían miradas de admiración".

Hacia 1865 el general dejó su casa de la ciudad y le alquiló a John Fleming de Stoneham Park la granja de 400 acres de Burgess Street en Swaythling (gran parte de su terreno se usó para casas municipales en la década del 30). El vivió en la casa de la granja (al oeste de Aster Road moderna) hasta su muerte ocurrida ahí en 1877, a la edad de 84 años.

Evidentemente disfrutó de la vida en la granja, "en la cual gastó mucho dinero, encontrando entretenimiento y placer en su supervisión diaria". Para citar otra vez al *Southampton Times* de 1877, "El general había estado muy mal por la gota unos cuantos años, pero constantemente se lo veía cabalgando en la propiedad y su mayor felicidad parecía ser estar sentado sobre su caballo y dar órdenes a sus empleados".

"Su amor por lo que podría llamarse mando despótico era tan grande que a nadie le estaba permitido decir una palabra excepto para aceptar las órdenes o contestar preguntas. El general Rosas siempre pagaba a sus asistentes y labradores más o menos un tercio más que las remuneraciones corrientes en el distrito, pero tenía la peculiaridad de contratarlos día por día. A cada hombre se le pagaba diariamente y se le informaba si se lo necesitaba al día siguiente o no... pero era que los hombres por lo general se encontraban con trabajo permanente y se hacían muy pocos cambios."

"Sus hábitos eran tan estrictos en punto a disciplina que el tiempo de cada trabajador se calculaba hora por hora y para hacerlo, particularmente durante los meses de verano, siempre empleaba un sereno nocturno especial... que tocaba una campana bajo la ventana de su dormitorio cada media hora durante toda la noche. Pagaba bien el trabajo pero era rígido y vigilaba que la labor se realizara."

Rosas podía ser generoso y sentimental con los que le servían. El 25 de diciembre de su primer año en Southampton le regaló a su peluquero, F. W. Nives, de la calle Bernard, como "testimonio de consideración" por sus servicios, una taza de afeitar de plata grabada que dijo que era hecha en Buenos Aires "más para uso que para lujo; su valor o mérito principal consiste en haberme acompañado en todas mis campañas". ¿Se conservará este recuerdo del dictador exiliado aún en manos de alguno de los descendientes del peluquero?

Hasta la muerte de lord Palmerston en 1865, el general Rosas también parece haber encontrado placer en intercambiar cartas y visitas con él en Broadlands, a pesar del hecho que Palmerston, como ministro de Relaciones Exteriores había autorizado el bloqueo anglofrancés de Buenos Aires contra el régimen de Rosas en 1845-48.

Aunque alejado de los asuntos británicos, Rosas mantenía una extensa correspondencia, echando chispas contra el "liberalismo" y auspiciando una liga de "naciones cristianas" bajo la presidencia del Papa.

El general se relacionó con la Iglesia de San José de la calle Bugle, a la que donó bancos nuevos, así como cuadros y ornamentos, pero sus regalos no dejaron de traer complicaciones y no fueron apreciados por completo, ni faltaban miembros de la parroquia que no simpatizaran con el donante, a quien llamaban "el carnicero".

La historia de la Iglesia de San José (Paul Cave Publications Ltd.), recientemente publicada, tiene un relato referente a los asientos donados por Rosas:

"Aparentemente el general tenía una alta opinión del canónigo Mount y le obsequió los servicios de un carpintero para fabricar los asientos y construir una galería. Parece que él no podía decidir qué quería y las cosas se hacían y volvían a hacer, se alteraban una y otra vez y se incurrió en un gasto de entre £300 y £400, mucho más de lo que evaluara el general. El pensó que lo habían estafado y nunca volvió a hacer nada más por la iglesia. El veredicto con respecto al trabajo fue que los bancos eran incómodos y la galería un gran fracaso porque era muy molesto tanto arrodillarse como sentarse."

En esa época, Rosas puede no haber tenido tanto dinero como antes. Perdió sus grandes estancias de Argentina, pero le permitieron vender el ganado, recibiendo alrededor de £100.000. Un escritor del *Southampton Times* dijo "esta gran suma él gastó generosamente, en realidad la derrochó durante los primeros diez años de su residencia en este país, una época en que su liberalidad para con todos los que se ponía en contacto no tenía límites. En los años posteriores el ex dictador se volvió enteramente dependiente de su ex ministro de Economía, los ex oficiales bajo su mando y la amable familia del marido de su hija".

Su única hija, Manuela de Rosas de Terrero, siguió dedicada a su padre y fue sepultada junto a él en 1898, como su marido, Máximo Terrero, que murió en Southampton en 1904.

El monumento de la familia en el cementerio de Southampton, también recuerda al hijo de ambos, Rodrigo Tomás Terrero, que murió a los 70 años, en 1937. Una tumba separada contiene los restos de su hermano mayor, Manuel Máximo Terrero (1836-1926) y su esposa.

Al lado del complicado monumento del general Rosas y su familia hay una lápida más modesta que recuerda la muerte, ocurrida en 1920, de Elizabeth Adams, a los 96 años; "durante 65 años fue la fiel servidora y amiga de la Sra. de Terrero y su familia".

En 1974 el Concejo de Southampton acordó el pedido argentino de devolver los restos del general Rosas a su país nativo, pero después de un cambio de gobierno ahí se abandonó este proyecto peronista que ha estado esperando desde entonces.

* * *

Juan Manuel de Rosas falleció en Southampton, Inglaterra, en la chacra conocida como Burgess Farm, de su propiedad, el día 14 de marzo de 1877. La noticia llegó a Buenos Aires, transmitida por la agencia cablegráfica Havas-Reuter el sábado 17 de marzo. El 21 de abril, tres días antes de que sus simpatizantes asistieran a una misa en su memoria, el gobierno prohibió toda expresión en su favor; el 28 de julio de 1857, la Legislatura de Buenos Aires había aprobado la ley 139 por la que se lo declaraba "reo de lesa patria". El 30 de octubre de 1973, la Legislatura de la provincia de Buenos Aires, en La Plata, revocó la disposición de 1857. El 21 de octubre de 1974, por decreto 1.146 se promulgó la ley 20.769 por la que se dictaba la repatriación de los restos sepultados en el cementerio de Southampton.

* * *

Ministerio de Relaciones Exteriores y Culto
Secretario de Relaciones Exteriores

ACTA

En Buenos Aires, a los quince días del mes de agosto de 1989, siendo las 17:00 horas, estando presente en el despacho de S. E. el señor secretario de Relaciones Exteriores del Ministerio de Relaciones Exteriores y Culto, Dr. Juan Archibaldo Lanus y ante la presencia del director de Asuntos Consulares, ministro Alejandro Piñeiro, los señores Julio Mera Figueroa, Manuel de Anchorena, Eugenio Rom, Martín Silva Garretón, José María Soaje Pinto, Diego Antonio Blasco, Ignacio Fernando Carlos Germán Bracht y Guillermo Adolfo Heisinger y teniendo en cuenta lo resuelto por el Poder Ejecutivo Nacional, en el sentido de llevar a cabo todos los actos referidos a la repatriación de los restos del brigadier general don Juan Manuel de Rosas, de acuerdo a la voluntad expresada por sus descendientes directos, así como también lo dispuesto por Su Excelencia el señor presidente de la Nación Argentina, Dr. Carlos Saúl

Menem, resuelven constituirse en la "Junta Ejecutiva" de la futura comisión nacional para la repatriación de los restos del brigadier general don Juan Manuel de Rosas por la unión nacional. Poniéndose a disposición del objetivo convocante, lo cual es aprobado por el antedicho señor secretario de Relaciones Exteriores, quien firma conjuntamente con los presentes y de conformidad este acta, se labran copias para cada uno de los integrantes así como también para los funcionarios intervinientes en esta oportunidad.

Menem trae el pasado de vuelta a la Argentina

De Peter Ford en Buenos Aires

The Independent (26/9/89)

Se cree que el presidente Argentino, Carlos Menem, aprovechará la semana próxima la llegada desde Southampton de una caja que contiene huesos para anunciar el perdón de los oficiales militares acusados de delitos contra los derechos humanos cometidos durante la última dictadura.

Algunos allegados presidenciales dicen que el Sr. Menem tiene la intención de recibir los restos de Juan Manuel de Rosas, el héroe nacionalista del siglo 19 que murió en el exilio en Inglaterra, con un discurso que revele el primer paso hacia la "reconciliación nacional" que a él le interesa mucho, que cure la ruptura entre las fuerzas armadas y la sociedad civil.

La repatriación de Rosas, a ser celebrada con enorme pompa y ceremonia, incluyendo una guardia de honor de 3.000 gauchos, ofrece una oportunidad simbólica para el anuncio. "Caudillo" provinciano igual que el Sr. Menem, el general Rosas capturó a Buenos Aires igual que el Sr. Menem, e imprimió una apariencia de unidad nacional a la Argentina de principios del siglo 19.

Sin embargo el temperamento altamente autoritario

del general Rosas le ganó el controvertido sobrenombre de "el Calígula del Río de la Plata" y un lugar también controvertido en la historia argentina. La intención del presidente Menem de perdonar a 19 oficiales que aún enfrentan juicio por cargos de tortura y asesinato ha demostrado ser no menos controvertida. En realidad, todavía no es seguro si el presidente Menem proclamará el perdón el sábado, a pesar de sus reiteradas promesas de hacerlo.

Más que fomentar "la pacificación y reconciliación nacional curando las heridas del pasado" —su intención expresa— la indecisión del Sr. Menem ha tenido el efecto opuesto. La oposición a cualquier forma de perdón o amnistía de los delitos contra los derechos humanos se ha hecho oír más en las últimas semanas con una marcha de 100.000 personas, un concierto de rock y una campaña a favor de un plebiscito sobre el tema. Una reciente encuesta de opinión encontró un 85% de los consultados opuestos al perdón de los comandantes militares presos.

En realidad, aun dentro del propio partido peronista del Sr. Menem muchos hombres importantes tienen sus reservas. El Consejo Nacional Peronista ha expresado que su aprobación de un perdón está condicionada a que "los que usaron la violencia como método de acción política o de represión ilegal confiesen ante la sociedad argentina que se arrepienten de lo que hicieron".

"El perdón es una virtud cristiana, pero hasta la Biblia dice que solamente el que se arrepiente puede ser perdonado", afirma Ernesto Sábato, el más destacado entre los escritores vivos de la Argentina y presidente de la comisión gubernamental de 1984 que investigara la violación de los derechos humanos llevada a cabo por la dictadura militar.

Pero si la sociedad civil es renuente a perdonar a los

militares por su rol en la guerra sucia contra los izquierdistas en la que murieron o desaparecieron 20.000 argentinos, el perdón es la última cosa que piensa solicitar el ejército. Hace mucho que los altos oficiales militares adoptaron el grito de guerra de los coroneles rebeldes que dirigieron tres amotinamientos contra el anterior presidente Raúl Alfonsín, exigiendo no el perdón de sus crímenes, sino la reivindicación de lo que ellos contemplan como una noble guerra contra el comunismo.

Impreso en Erre Eme S.A. en el mes de noviembre de 1997
Talcahuano 277 - 1013 Buenos Aires
Telefax: 01-382-4452/1931